CEO 박도봉의
현장 인문학

CEO 박도봉의 현장 인문학

1판 1쇄 발행 2016. 7. 4.
1판 8쇄 발행 2016. 9. 11.

지은이 김종록 · 박도봉

발행인 김강유
편집 고우리 | 디자인 이경희
발행처 김영사
등록 1979년 5월 17일 (제406-2003-036호)
주소 경기도 파주시 문발로 197(문발동) 우편번호 10881
전화 마케팅부 031)955-3100, 편집부 031)955-3250
팩스 031)955-3111

값은 뒤표지에 있습니다. ISBN 978-89-349-7519-9 03320

독자 의견 전화 031)955-3200
홈페이지 www.gimmyoung.com 카페 cafe.naver.com/gimmyoung
페이스북 facebook.com/gybooks 이메일 bestbook@gimmyoung.com

좋은 독자가 좋은 책을 만듭니다.
김영사는 독자 여러분의 의견에 항상 귀 기울이고 있습니다.

이 도서의 국립중앙도서관 출판시도서목록(CIP)은 서지정보유통지원시스템 홈페이지
(http://seoji.nl.go.kr)와 국가자료공동목록시스템(http://www.nl.go.kr/kolisnet)에서
이용하실 수 있습니다.(CIP제어번호 : CIP2016014765)

CEO 박도봉의
현장 인문학

○○○

김종록 묻고 **박도봉** 답하다

김영사

———

"우거진 숲속에서 처음 길을 내며 가는 사람은
먼저 마음속으로 길을 구상한다. 꿈을 꾸는 것이다.
우리네 삶은 유년 시절 꾸어본 그 꿈을
현실로 드러내는 것 외에 아무것도 아니다."

_김종록《장영실은 하늘을 보았다》

나는 이 시대의 바보 온달

까마득한 절벽 아래, 작은 담쟁이 하나가 싹을 틔웁니다. 볼품없는 담쟁이는 절벽 넘어 높고 파란 하늘을 동경했습니다. 하지만 키 작은 담쟁이에게 위로 올라가는 일은 어마지두했습니다. 발만 동동 구르던 담쟁이는 용기를 내어봅니다. 작고 여린 빨판을 바위 벽에 부착하며 엉금엉금 기어오릅니다. 때론 여린 잎을 태워버릴 듯 땡볕이 쬐고 때론 뿌리째 뽑아버릴 듯 비바람이 불죠. 눈보라 몰아치는 한겨울에는 앙상한 온몸이 꽁꽁 얼어붙습니다. 그래도 포기할 줄 모릅니다. 어느 날, 청아한 하늘이 축복처럼 쏟아졌습니다. 드디어 벽을 타 오르고 만 것입니다. 그 순간 퍼뜩 스치는 생각, '저 절벽은 장애물이 아니라 위로 오르게끔 도와준 사다리였던 거야.'

그렇습니다. 바로 제 이야기입니다.

사람들은 저를 현대판 창업성공 신화의 주인공으로의 봅니다. 한

편에서는 쑥덕거리기도 합니다. 보잘것없던 사람이 무모한 도전으로 엉겁결에 너무 큰 걸 얻게 되었다고요. 글쎄요. 저는 꼭 제가 흘린 땀만큼만 가졌다고 생각합니다. 그 이상의 횡재나 요행 같은 건 처음부터 바라지도 않았습니다.

젊은 날의 저는 참 못난이였습니다. 출신 집안이나 학벌 뭐 한 가지 내세울 게 없었지요. 사람들은 제가 중견그룹의 창업자이자 회장이니까 응당 뭔가 든든한 배경이 있었을 것으로 여깁니다만, 저는 외가댁인 충남 금산 추부에서 나서 금산읍 상옥리와 전북 진안 주천 대불리라는 가난한 산골 마을을 오가며 자랐습니다. 대다수의 청춘들처럼 금수저가 아닌 흙수저를 물고 나왔지요. 장남으로 태어나 근근이 상업고등학교와 지방대를 다녔습니다. 게다가 키도 작고 보시다시피 그렇게 잘생기지도 못했습니다. 그런 제가 국내와 해외 여러 회사 법인에 6,000명이 넘는 직원들과 함께, 알루미늄이라는 친환경 소재 산업으로 희망찬 미래를 설계하고 있지요. 꿈같은 일입니다.

맛난 라면을 끓여 먹는 양은냄비, 시원한 음료수 캔, 편리한 은박지 포일, 스마트폰 메탈케이스, TV용 LCD 프레임, 커튼월…… 이렇듯 알루미늄은 철 다음으로 우리 생활에서 많이 쓰이는 금속입니다.

가볍고 인체에 해가 없으며 재활용도가 100퍼센트에 가깝습니다. 귀금속 은과 비슷한 색을 띠고 부식이 잘되지 않아 은 대체품으로도 사용되곤 하죠. 양은洋銀이라고 불리면서 말이죠.

알루미늄은 젊은 비철금속입니다. 화학자들이 알루미늄을 발견한 건 1820년대니까요. 당시에는 금보다 더 값비쌌습니다. 1860년대 프랑스의 나폴레옹 3세 황제는 신분이 높은 손님들 앞에는 알루미늄 식기세트를, 신분이 떨어지는 손님들 앞에는 금제 나이프와 포크를 내놓았다고 합니다. 19세기 후반이 돼서야 대량생산되면서 값이 떨어지지만 철보다는 몇 배 비쌉니다. 요즘에는 건축자재는 물론 항공기나 열차 차체, 선박은 물론 연비를 높이기 위해 자동차 부품으로도 각광받고 있습니다.

제가 이끄는 알루코그룹은 이처럼 매력적인 소재인 알루미늄 전문 기업입니다. 삶의 질이 높아질수록 철제품보다 알루미늄제품을 선호하므로 전망이 아주 밝습니다. 제가 베트남에 알루미늄 원재료인 보크사이트 광석 채굴권까지 확보해둔 이유입니다. 지금도 세계 굴지의 글로벌기업들이 우리 알루코 제품을 쓰고 있지만 앞으로는 더 많아질 겁니다.

연구개발하느라 학회에서 만나는 교수들은 제가 당연히 재벌 2세인 줄로 압니다. 정부로부터 금융 특혜를 받던 산업화 시기도 아니고, 요즘 세상에 무슨 수로 이런 규모의 제조업을 혼자 힘으로 창업했겠냐는 겁니다. 제 얼굴이 기름밥 먹고 고생한 얼굴 같지 않아서 더 그런 것 같습니다. 앞에서 밝혔듯이 저에게는 그런 백그라운드가 전혀 없었습니다. 받았다면 오직 아내의 전폭적이고 헌신적인 도움을 받았죠. 아내가 패물을 전당포에 맡기고, 처형에게 빌린 300만 원을 합쳐 마련한 600만 원! 그 돈이 제 창업자금의 전부랍니다.

1988년에 단돈 600만 원이 종잣돈의 전부라니까 믿기지 않겠지만 분명한 사실입니다. 혹시 작은 아이디어 하나로 속옷을 만들어 팔기 시작해서, 미국 최연소 여성 억만장자가 된 세라 블레이클리 Sara Blakely를 아시나요? 그녀도 자본금 5,000달러로 창업해 3년 만에 연매출 1조 원의 실적을 올렸더군요. 1997년 그녀의 창업자금 5,000달러는 지금 우리 돈으로 치면 약 600만 원입니다. 30년 전이나 20년 전이나 600만 원은 결코 크지도 작지도 않은 맞춤한 창업자금 같군요. 인플레가 커졌다지만 지금도 마찬가지입니다. 창업자금이 많다고 크게 성공하란 법은 없는 것 같습니다.

물론 시작할 때, 더 많은 돈이 있다면 훨씬 수월하겠죠. 하지만 그만큼 잃을 것도 많다는 걸 알아야 합니다. 어쨌든 당시 저는 형편이 너무나 어려웠습니다. 이리 뛰고 저리 뛰며 탈탈 털어 모은 돈이 그것밖에 안 돼서 당시에는 애가 많이 탔습니다만, 그때나 지금이나 저에겐 돈과 '빽'을 능가하는 자산들이 넘쳐납니다. 퍼 쓰고 써도 결코 줄지 않는 샘물 같은 것이죠. 지금부터 저와 함께 창업 이야기를 풀어갈 김종록 소장은 그걸 두고 '영원의 샘'이라고 하더군요.

제가 창업한 1988년은 역사적인 88서울올림픽이 열렸던 해로, 2015년 한해 안방극장을 뜨겁게 달궜던 드라마 〈응답하라 1988〉의 바로 그해이기도 합니다. 그 무렵, 한국경제는 비약했고 정 많고 섬세한 한국문화는 세계인의 가슴에 파고들었습니다. 그리고 지금은 세계 10대 교역국이자 K컬처라는 신화를 쓰기에 이르렀습니다. 그렇습니다. 돌이켜보면 1988년은 한국인이 세계에 자신감을 떨친 원년입니다. 이전까지의 한국과 서울의 이미지는 남북분단과 전쟁, 가난이었지요.

쌍문동에서 '응쌍팔' 서민들이 그렇게 아옹다옹 살고 있을 무렵, 저는 서울의 남서쪽 영등포구 문래동의 어느 허름한 열처리 공장에서 2년 가까이 기름밥을 먹었습니다. 그러다 그해 10월, 담대한 결심을 하게 됩니다. 다니던 공장 생활을 접고 바로 1인 청년 창업가가 되기로 합니다. '응쌍팔'의 미란만큼이나 희생적이면서도 사랑스러운 아내의 응원에 힘입어서 말이죠. 베이비부머 세대인 제가 1960년

11월생이니까 만 28세 때입니다.

그날 이후, 어언 28년 동안 사랑과 열정과 기적과 좌절, 그리고 재도약의 이야기를 쓰며 지금에 이르렀습니다. 가난했던 저희 가족들과 주변 사람들은 저와 함께 풍요와 행복의 동심원을 넓혀가며 살고 있습니다. 저는 그 동심원이 온 세상에 드넓게 퍼져가기를 소망합니다.

이 책은 일 바보 사람 바보 이야기입니다. 짐작하셨겠지만 저는 누군가를 멘토할 주제가 못됩니다. 또 그럴 생각도 없습니다. 다만 저처럼 그리 잘나지 못한 사람도 얼마든지 큰일을 해낼 수 있다는 사례를 전해드리고 싶습니다. 6세기 고구려가 위로는 북방의 침략, 아래로는 신라의 위협을 받았다고 합니다. 그때 평민 출신 바보 온달이 승승장구하여 전쟁영웅이 되었다지요. 온달은 천리마는커녕 병든 말 한 필도 살 형편이 못됐습니다. 평강공주의 패물을 팔아 사야 했지요. 제가 그랬습니다. 그리고 지금은 병든 말을 어엿한 준마로 만들어 세계와 당당히 겨루고 있습니다.

이 책에 그 과정을 진술하게 담았습니다. 흔해빠진 동정과 위로는 하지 않겠습니다. 이제는 실팍한 디딤돌을 만들고, 그 디딤돌을 딛고서 힘차게 비상해야 할 때니까요. 저성장 시대에 좋은 일자리와 행복한 미래는 저절로 주어지지 않습니다. 아파하고 투정부린다고 불평등 구조가 사라지지도 않습니다. 행복한 미래는 치열한 삶의 현장에서 분투, 쟁취해내는 것입니다. 머뭇거리는 자신과 싸워야 하고 저 같은 삼촌 세대나 어쩌면 세상과 정면승부를 해야 합니다. 그런 의지를 지닌 영혼들에게 이 책을 바칩니다.

　공동 창업자나 다름없는 사랑하는 아내와 우리 대가족들, 형제처럼 우의를 나누며 회사를 키워온 임원들과 사우들, 전국 대리점 사장단과 협력업체 대표들께도 고마움을 전합니다. 여러 가지로 부족하지만 저는 앞으로도 사람을 존중하고 세상을 이롭게 하는 기업가가 되겠습니다. 그리고 미력하나마 청장년 비상 프로젝트에 힘을 보태고 제도적 장치가 마련될 수 있도록 힘쓰겠습니다. 언제든지 여러분과 만나서 함께 고민하고 토론하고자 합니다.

　이제부터 이야기 진행을 문화국가연구소 김종록 소장에게 맡깁니다. 이 책을 기획한 김소장은 저와 수시로 만나 여행하고 밤샘토론도 참 많이 했답니다. 김소장은 20대 청년 시절에 온 산하를 떠돌며 이인異人들을 만나고 《주역周易》 같은 고전에 파고들어 밀리언셀러 《소설 풍수》를 쓴 분입니다. 이른바 소년등과少年登科해서 세계를 여행하며 많은 것을 누리다가 문화사업한다고 인생의 풍파를 겪기도 한 분이죠. 이 책에서 그는 진심으로 미래 세대를 걱정하고 동년배 중년들의 고민을 대변하고 있습니다. 르네상스맨다운 밀도 높은 질문과 풍부한 교양적 서사는 독자 여러분을 치열한 땀의 현장과 인문학의 향연으로 인도할 겁니다.

2016년 6월

베트남 하노이에서

박도봉

현장은 노동과 땀의 무대입니다. 지극히 현실적인 곳이죠. 본래는 비실용적이고 자유인의 학문이었던 인문학이 어느덧 기업 현장까지 깊숙이 파고들었습니다. 인문경영이라는 말은 이제 상식입니다. 자본과 결탁한 인문학, 힐링 도구로 쓰이는 인문학은 장식품이라는 비판도 있지만, 저희는 아주 잘된 일이라고 생각합니다. 인간다움을 추구하는 것은 특정 분야 학자들만의 전유물이 아닙니다. 모두가 공유해야 할 가치입니다.

이제 인문학은 어떤 학문 분야보다도 실용적입니다. 대중의 담론 중심에 파고들었고 취업의 열쇠가 되었습니다. 실천하는 현장의 인문학이 우리를 자유롭게 합니다. 행동하는 인문학이 행복한 세상을 만듭니다.

기 起

꿈을
공유하는
사람을 만나라

과연 땀이 혈통인가?

■ 김종록 오래전에 사라졌던 신분제도가 이 시대에 변형되어 되살아난 듯

합니다. 고대와 중세 사회는 혈통 중심 신분제사회였지요. 여간해서는 신

분 이동이 불가능했습니다. 그러다가 땀과 업적 중심으로 바뀌면서 근대

사회가 열렸습니다. 노력 여하에 따라 신분 이동이 자유로워져서 '땀이

혈통'이라는 말이 나왔지요. 지독했던 구습舊習에서 해방되었다 싶었는데

근대에 사라진 신분제도가 다시 나타난 겁니다. 부富의 세습에 의해서지

요. 우리의 '금수저·흙수저론', 유럽의 프레카리아트precariat(불안정한 노동계

급)가 그 방증입니다. 한술 더 떠 대기업 노조원들은 자식들에게 고용 세

습마저 꾀하고 있습니다. 로스쿨 입학 선발과정에서도 부모나 친인척의

신상을 고려한 정황이 포착되었지요. 이 현대판 음서제도에 민심이 뿔났

습니다. 이런데도 과연 땀이 혈통이라고 말할 수 있겠습니까?

■ 박도봉 과거 혈통 중심 신분사회 대신 지금은 부를 세습하는 신분

사회가 들어섰는데도 과연 땀이 혈통이라고 할 수 있겠냐는 거

죠? 답하기 어렵네요. 다만 이건 말씀드릴 수 있습니다. 저는 맨손으로 현장에 뛰어들어 회사를 시작했고 땀 흘려가며 지금의 기업을 일으켰어요. 그리고 오늘도 최선을 다해 뜁니다. 땀이 혈통임을 확인하고 경험했습니다. 하지만 이걸로 충분한 답이 되지는 못하네요. 초장부터 대답하기 난처한 질문을 쏟아내시는군요. (웃음)

■ 그런가요. 박회장님 같은 창업자가 땀이 혈통임을 몸소 증명했더라도 다음 세대가 다시 증명하지 않으면 부의 세습인 거지요. 그러면 '땀 혈통론'은 바로 부정되는 겁니다. '땀 혈통론'은 부를 일궈낸 당사자로 그치는 셈이지요. 제가 이 민감한 얘기를 먼저 꺼낸 건 많은 사람들이 오늘날 과거 신분제사회 못지않게 커져만 가는 불평등 구조에 분노하고 있기 때문입니다.

■ 저는 땀이 혈통임을 증명한 창업자입니다. 빌 게이츠Bill Gates나 마크 저커버그Mark Zuckerberg도 마찬가지지요. 그 사람들은 재산을 기부해 본보기가 되고 땀이 혈통이어야 한다는 것도 보여주었습니다. 하지만 대다수 부자들은 세습합니다. 그걸 아니까 땀이 혈통이라고 단언은 못하겠네요. 그렇지만 땀이 혈통이 되고 부의 세습이 없어져야 세상이 건강해지고 다수가 행복해질 수 있다고 확신합니다.

■ 그렇다면 앞으로 회장님이 어떤 선택을 하고 그걸 어떻게 구체적으로 보여주실지 자못 궁금해집니다.

■ 하하. 땀 혈통론자인 제가 자식들한테 재산이나 회사를 물려줄지 아닐지 궁금하다는 말씀이시죠? 저는 큰 부자는 아니지만 꽤 부자입니다. 금수저가 아니라 다이아몬드수저도 물려줄 수 있지요. 그런데 땀이 혈통이라고 믿는다면 제가 쌓은 부를 물려주어선 안될 겁니다. 거기에 대해서는 분명한 소신이 있습니다. 사실 조금만 더 생각해보면 그게 뭐가 그리 궁금할까 싶어요. 그보다, 땀혈통론이 주류가 되는 세상이 된다면 얼마나 행복할까를 생각하는 이들이 더 많을 것 같네요.

■ 우선 회장님이 흘려온 땀의 역사, 땀의 힘에 대해 알아보고 싶군요. 땀이 혈통이든 아니든 무임승차할 수 없다면, 사람은 누구나 땀을 흘려야 합니다. 대대로 있는 것 파먹으며 편안히 살 만한 부류는 많지 않을 테니까요. 땀이 혈통이라면 우선 두 가지가 기본적으로 지켜져야 한다고 봅니다. 첫째, 누구라도 열심히 일하면 창업도 하고 부자도 될 수 있어야 합니다. 둘째, 그 부를 충분히 누리다가 이 세상을 떠날 때면 사회적 경제의 밑거름이 되도록 부를 다시 환원해야 옳지요. 자손한테 물려줄 게 아니라요. 그래야 젊은이들이 동등한 출발선에서 선의의 경쟁을 할 수 있습니다. 그런데 현실은 어떻습니까? 아무리 열심히 일해도 부자가 되기란 너무 어

렵습니다. 그럭저럭 먹고살면서 일자리가 있는 것만으로도 만족해야 하는 형국입니다. 부의 세습은 너무도 당연시되고 있습니다. 어떻게 이 두 가지를 충족시킬 수 있겠습니까?

■ 말주변이 없어서 도저히 짧게 답변을 못하겠네요. 하지만 미리 말해두지만 답은 분명히 있습니다.

기업가는 사업을 해서 이익을 창출하고 고용을 확대해 사회에 공헌하는 사람들입니다. 그 밖의 사회적 책임을 강요할 수는 없어요. 저는 초인적인 노력으로 기업을 키워온 선배, 동료, 후배 기업가들을 존중해요. 지금부터 하는 내 이야기가 기업인 모두에게 적용될 수는 없고 그래서도 안 돼요. 제 경영철학은 더더욱 그렇습니다.

기적적인 압축 성장을 해서 세계를 놀라게 한 대한민국 경제가 지금 위기입니다. 엄살이 아니라 심각해요. 제조업 강국 대한민국이 중국과 인도의 추격으로 선두 자리를 내주는 업종이 늘고 있어요. 게다가 장기불황이 이어지고 있잖습니까? 인플레이션 시대에는 물건을 만들기만 하면 팔렸고 설령 팔리지 않더라도 값을 내리면 모두 소진됐어요. 그런데 장기불황의 디플레이션 시대에는 달라요. 최고 제품이 아니면 팔리지가 않아요. 당연히 고용이 어려워지죠. 아르바이트로 생계를 이어가는 프리터Freeter족, 대학을 졸업하고도 일자리를 구하지 못해 노동 의욕을 잃고 구직도 포기한 니트NEET족이 나오는 거지요.

게다가 태어날 때부터 승자와 패자가 정해져버린 계층 고착화는 '금수저·흙수저론'을 낳았어요. 그런데 이렇다 할 패자부활전도 없다면 정직한 노동이 무의미하게 돼요. 청년들의 노력 또한 헛수고에 그치는 거지요. 심각한 문젭니다. 헬조선, 탈조선이 왜 나왔겠어요. 각자도생할 거면 사회와 국가 시스템이 왜 필요해요? 기업과 정부, 시민사회가 머리를 맞대고 풀어가야 하는 문제입니다. 나와 우리 그룹에서도 힘닿는 데까지 이바지할 생각입니다.

저는 청년 시절의 꿈을 이룬 사람이에요. 지금은 사업이 커져 서울과 지방, 해외로 날아다닙니다. 그러면서 젊은 사람들을 볼 때면 막막합니다. 나부터라도 일자리를 더 만들고, 무언가 도움되는 이야기를 해주고 싶습니다. 지지리도 못난 내 이야기를 듣고 '아, 나도 할 수 있겠는데!' 하는 마음이 조금이라도 생긴다면 그걸로 됐습니다.

■ 회장님은 산업화 3세대쯤에 해당하는데 중견기업 창업자입니다. 한국 대기업 창업자들은 대부분 산업화 1세대로 저마다 신출귀몰한 전설을 썼고 재계의 별들이 되었습니다. 한데 회장님은 재벌 2세도 3세도 아닙니다. 그런데 국내에서 버텨내기도 어렵다는 5대 취약 산업(열처리, 주물, 주조, 단조, 도금)으로 지금의 성공을 일궈냈습니다. 그래서 더 주목받고 있습니다. 아마 동년배 중에서는 제조업 창업신화 1호일 겁니다. 어려운 제조업을 이

끌어가면서도 수익을 창출하고 있고 노조와도 마찰이 없습니다. 또 사회적 약자들을 돕고자 애쓰며 특히 청장년 창업 프로그램에 관심이 크다고 들었습니다.

■ 틀린 이력은 아닌데 듣고 보니 제가 매우 고상한 기업가 행세하는 사람 같군요. 전 그냥 기름밥 먹다가 상장회사 오너가 된 사람일 뿐입니다. 신비화하거나 고상 떨 생각은 전혀 없어요. 보셨잖습니까? 우리 회사가 거의 현장 중심이고 사무실 분위기도 여느 중소기업체와 다를 게 하나도 없어요. 저 생겨먹은 빵틀도 영락없는 노동자 타입이고요.

27

■ 회장님은 유신론자시죠?

■ 그렇습니다. 불교 집안에서 자랐고 결혼해서는 너무도 힘들게 저를 내조한 아내와 함께 가톨릭 신앙을 갖게 됐어요.

■ 전통적인 종교에서 사람들은 신을 믿고 의지합니다. 종교는 사람들의 걱정을 건드리고 그 걱정 대신에 구원을 약속하지요. 자본주의 체제에서 사람들은 돈을 믿고 의지합니다. 돈이 없으면 불안하고 걱정되다가도 돈을 벌면 안심되고 모든 문제가 해결되리라는 믿음을 얻는 것이죠.
전통적인 종교의 신이 불확실한 내세적 구원을 약속한다면, 자본주의라는 신흥종교의 신인 돈은 확실한 현세적 구원을 약속합니다. 철학자 발터 벤야민Walter Benjamin의 표현처럼 "자본주의는 세속화된 종교"인 거지요. 회장님은 수천억 원의 재산가입니다. 내세적 구원을 약속하는 신을 더 믿나요, 아니면 현세적 구원을 보장하는 돈을 더 믿나요?

■ 청년실업이나 노인복지, 금수저니 흙수저니 하는 것도 다 돈 문제 때문입니다. 돈은 그만큼 현실적이에요. 신은 좀 다르지요. 어디서는 종교 때문에 전쟁도 하지만 사람들 대부분은 일상에서 신을 잊고 삽니다. 그렇다고 돈이 신을 대신할 수 있을까요? 우리가 내세를 모른다고 해서 신의 권능을 부인할 수는 없잖아요. 독실한 신앙인은 현실에서도 신을 통해 위안을 얻고, 죽어서도 구원받을 거라고 믿지만 돈은 다릅니다. 현실에서는 돈이 신이지만 죽고 나면 무슨 소용입니까?

결론적으로 저는 돈보다 신의 존재와 권능을 더 믿습니다. 그래서 겸손하려고 노력하지요. 돈은 사람을 오만하고 탐욕스럽게 만들어요. 부자들이 거만한 건 다 이런 돈의 속성 때문입니다. 저는 오직 땀 흘려 정직하게 모은 돈만을 인정합니다. 그런 돈만이 신성하다고 봅니다.

■ 땀 흘려 정직하게 모은 돈에만 신성이 있다는 말, 우리 시대 천민자본가들이 깊이 새겨야 할 금언이네요. 옥시 살균제 가습기 사건 보세요. 돈벌

이를 위해서는 살인도 서슴없이 할 기업들이 많습니다. 공룡처럼 거대해진 조직을 유지하려면 어떡하든 성과를 올려야만 하니까 빚어진 일이지요. 돈을 목적으로 봐서 생기는 비극입니다. 회장님은 제가 아는 부자들 가운데 가장 서민적인 기업가입니다.

■ 저야 워낙 없어 보여서 그런 거고, 부자가 꼭 서민적일 필요 있나요. 다만 가난하다고 사람을 업신여기거나 위세를 떨면 안 됩니다. 부자들의 돈은 결국 서민들의 지갑에서 나온 거잖아요. 감사해야 할 일이지 오만하거나 교만 떨 일이 아니에요. 뿐더러 돈이 돈을 버는 자본주의 체제에서 많이 가진 사람이 불법이나 편법까지 쓴다면 공정하지 못해요. 호랑이에게 독수리 날개까지 달아준다면 살아남을 동물이 없어요. 결국은 먹이사슬 자체가 파괴되고 마는 거죠.

■ 일찍이 시장경제 체제를 비판한 경제학자 칼 폴라니Karl Polanyi는 시장경제를 '악마의 맷돌satanic mills'에 비유했습니다. 사회적 보호막이 없다면 그 맷돌이 인간과 자연을 갈아버려서 가루로 만들 수 있다고 경고했습니다. 어떻게 생각하십니까?

■ 저도 칼 폴라니의 《거대한 전환 _The Great Transformation_》을 읽어봤어요. 공감 가는 면이 많았지만 그렇다고 시장경제 자체를 부인

할 수야 있겠습니까? 시장경제에는 성장의 그늘, 곧 사각지대가 있을 수밖에 없어요. 정부가 그 부분을 챙겨야 하고, 또 시민들이 나서서 사회적 경제로 보완할 수는 있다고 봐요. 협동조합, 사회적 기업을 통해 이윤 추구보다 일자리와 복지 서비스를 제공하는 데 집중하는 경제활동이 사회적 경제지요. 우리 전통사회에 있었던 향약·두레·계 같은 마을공동체가 바로 사회적 경제입니다. 정부가 다 떠맡을 수는 없습니다. 시민들 스스로 마을공동체 정신을 되살려내고 확산시킬 때, 살기 좋은 세상이 돼요.

지방대생은 눈물겹다

■ 이제부터는 회장님이 살아왔던 얘기를 좀 들어보겠습니다. 회장님은 동시대 그 누구보다 열심히 일했고 명예롭게 살아왔습니다. 그럼에도 누군가를 멘토할 주제가 못된다고 말했습니다. 사실, 금수저가 흙수저에게 거드름 피우며 두는 훈수나, '태어날 때 가난한 건 당신 잘못이 아니지만, 죽을 때 가난한 건 당신 잘못이다'는 식의 그럴듯한 노동 강요라면 흥미 없어요. 꿈을 이룰 수 없는 환경 개선 없이 노동만 강요하거나 큰 꿈을 꾸라고 부추기는 건 '희망난민'만 양산할 뿐이고요. 건강한 시민의식과 지성을 마취시키는 내용 없는 위로 역시 이제 그만했으면 합니다. 우리는 '현장 인문학'이라는 제목을 단 대화답게 치열한 도전과 성공담에 어린 사람의 가치와 의미에 집중하도록 하죠.

회장님의 경영철학은 꾸밈없고 소박합니다. 그 경영철학을 듣고 싶습니다. 저는 앞으로 그 흐름을 방해하지 않는 정도로만 나서겠습니다. 그 과정에서 사람의 향기, 인문학의 향기가 연꽃 만나고 온 바람처럼 자연스럽게 스며들기를 바랍니다.

■ 제 청춘은 늘 어설펐고 가난했습니다. 가진 거라곤 오직 식을 줄 모르는 열정뿐이었고요. 요즘 대다수 청춘들과 너무도 흡사한 청년기를 보냈지요. 아니, 오히려 훨씬 더 어렵고 대책 없는 청춘이었어요. 그러다가 이렇게 대박을 터뜨렸습니다. 때로는 저도 제가 이룬 것들이 잘 믿기지 않아요. 물론 제 고향 사람들이나 주변 사람들도 저를 대수롭잖게 보는 거 같아요. (웃음) 서울 가서 공장 하나 차렸다더니 좀 잘 굴러가나보다 하는 정도로 보지요. 저도 평범한 공장 사장 행색으로 그 사람들을 대합니다. 서로 편하고 좋잖아요.

■ 그분들은 박회장님이 남들 다 꺼리는 3D업종으로 연매출 1조 원대의 그룹을 이끌고 있는 걸 안다면 많이 놀랄 겁니다. 성공신화는 언제나 언론의 조명을 받지 않습니까? 그런 뉴스는 다 빤한 거 같아도 업종이 색다르고 방법도 다채로워서 질리지가 않습니다. 연초부터 언론에서는 박회장님을 '한국경제를 빛낸 인물'로, 알루코그룹을 '올해 제2의 창업 원년'으로 대서특필했더군요. 흙수저를 물고 나와 일찍이 대전상고 시절부터 상장회사 오너의 꿈을 키웠다는데, 우리 근현대사의 전설 같은 산업화 1세대를 코스프레하다가 정말 큰일을 냈습니다.

■ 어렸을 적 우리 집은 인삼의 고장으로 유명한 금산에서 잡화점을 했어요. 아버지는 경대나 참빗, 식기세트, 분 같은 시골 혼수품을

팔았지요. 장사가 잘돼서 남부럽지 않게 살았는데, 그러다 호사다마好事多魔라고 아버지가 그만 도박에 손을 대게 되었어요. 그 바람에 잡화점에 집까지 날려버렸어요. 하루아침에 가족이 뿔뿔이 흩어졌습니다. 제가 국민학교 2학년 때였어요. 아버지는 진안 운장산 밑 두메산골 대불리라는 곳에 들어가 인삼농사를 했습니다. 그곳 국민학교로 전학을 갔는데, 거기서 꼭 노루나 산토끼처럼 온 산천을 뛰어다니며 보냈습니다. 그 고원에 눈은 왜 그렇게 많이도 내렸는지…… 꼭두새벽에 일어나 마당을 나오면 발자국 하나 찍히지 않은 별천지가 끝 간 데 없이 이어졌습니다. 그게 다 내 땅인 양 내달리며 발자국을 찍어놓았지요. 그러다 숨이 차면 눈밭에 큰대자로 벌렁 드러누워 눈도장도 찍고요.

예전에 인삼농사는 큰 사업이었어요. 제대로 잘 지으면 시골에서도 한 번에 목돈을 거머쥘 수 있었지요. 아버지는 몇 년 뒤 재기했고 그사이 할머니와 살던 우리는 다시 합칠 수 있었습니다. 아마 그때 제가 은연중에 사업에 매력을 느꼈던 것 같아요. 남다른 독립심도 그 무렵에 키웠던 거고요.

공부를 썩 잘하진 못했습니다. 태어나면서부터 몸이 허약해 의도적으로 운동을 많이 했어요. 태권도, 합기도 같은 도장을 줄곧 다녔지요. 국민학교 2학년 때, 담임선생님이 주판을 가르쳐주셨는데 다행히 셈에는 소질이 있었는지 진도가 빨랐어요. 그러다 전주에서 열리는 경시대회에 학교 대표로 나간 적도 있어요. 금산 동중학교 다닐 때는 시험 성적 산정할 때마다 교무실에서 살다시피 했답니다. 명문 대전상고 진학은 자연스러운 절차였지요.

그때 이미 상장회사 오너가 되겠다고 결심했습니다. 친구들이 상장회사가 뭐냐고 물으면, "회사를 창업하고 건실하게 키워내는 거다. 그래서 증권거래소가 정하는 상장上場 심사기준을 통과하고 그 발행주식이 증권거래소에서 매매되는 회사가 바로 상장회사라는 거야. 상고생이 그것도 모르냐?" 그렇게 면박을 주면서 가르쳐줄 정도였으니까요. 친구들은 대부분 졸업 후 은행에 입사했어요. 그게 정해진 코스였으니까. 그런데 저는 그럴 생각이 전혀 없었습니다. 은행에 앉아서 돈이나 세는 일은 도무지 내 일 같지가 않았거든요. 그러다 고3 때, 금산에서 교사생활을 하던 사촌형의 권유를 받았어요.

"도봉아, 은행원이 싫다면 지금이라도 준비해서 대학에 진학해라. 그럼 얼마든지 다른 길이 열린다. 나처럼 교사가 돼도 좋고." 귀에 솔깃했어요. 대학에 진학해서 전문적인 공부를 해야 창업자로 한발 더 다가갈 것 같았어요. 교사할 맘은 전혀 없었고요. 그런데 덜컥 걱정이 들었어요. 시간 아까운 줄 모르고 하릴없이 펑펑 놀기만 했는데 무슨 수로 대학에 갑니까. 그날부터 머리 싸매고 6개월 공부해서 대전 목원대 사범대학 상업교육과에 들어갔습니다.

목원대 상업교육과는 우리 때 신설된 학과예요. 제가 제1회 졸업생이죠. 졸업하면 언제라도 교사 발령을 받을 수 있었습니다.

저는 교육보다 상업에 관심이 있었어요. 교사보다 사업가가 되고 싶었으니까 학교 공부는 과락을 면할 정도만 하고 산악회 동아리 활동에 미쳐 지냈지요. 산악 등반은 막막했던 제 대학생활의 탈출구였어요. 그 밖에 딱히 도전할 만한 대상을 못 찾았던 겁니다.

산악회에서는 방학 때마다 장기등반을 합니다. 여름철에는 지리산과 한라산을, 겨울철에는 설악산을 주로 장기등반했어요. 봄, 가을에는 암벽등반을 했고요. 북한산 인수봉은 동양에서 가장 큰 화강암 암장巖場입니다. 거벽등반을 하려면 반드시 거쳐야 하는 코스지요. 전체 피치(밧줄 하나의 거리)가 8~9피치 구간으로 되어 있어요. 1피치가 40미터니까 직선거리로 300~400미터나 됩니다. 학기 중에는 계룡산과 대둔산에서 살다시피 했어요. 주말마다 계곡에 텐트를 쳐놓고요. 아찔한 거벽에 자일을 걸고 스파이더맨처럼 올랐지요. 스릴 넘치는 고상한 취미예요. 체험해보지 않으면 절대 그 짜릿하고 중독적인 맛을 몰라요.

까마득한 낭떠러지 위에서 동료들끼리 서로를 연결한 한 가닥의 줄에 생명을 걸죠. 그래서 암벽등반은 동료에 대한 신뢰와 배려를 몸에 익히게 만들어요. 막연한 관념으로 지니는 동료애와는 차원이 다르지요. 연대감은 쉽사리 생기지 않아요. 그야말로 생

사고락을 나누다보면 생기는 거지요.

설악산 '죽음의 계곡'에서 빙벽을 등반한 적이 있는데 정말 죽을 뻔한 적이 있지요. 14박 15일 일정으로 양폭산장 쪽에 베이스를 쳤어요. 죽음의 계곡은 양폭산장에서 희운각 대피소로 오르는 중간지점에 좌측으로 20분쯤 올라가면 나와요. 거기에 빙벽훈련하기 좋은 폭포가 있습니다. 1970년대 초반인가 대한산악연맹 히말라야 원정대가 훈련 도중 대원 10명이 눈사태로 유명을 달리한 곳이지요.

그날은 동기와 한 조가 되어 서로 자일을 묶고 암벽등반을 시작했어요. 선등자와 후등자를 정해 빙벽을 타는데 제가 후등자가 되었습니다. 반공중에 걸려 빙벽을 탔지요. 그런데 선등자로 나선 동기가 확보한 아이스훅ice hook(얼음에 박는 하켄)이 덜 단단한 얼음에 박혔던지 그만 쑥 빠져버렸지 뭡니까.

앗!

동기가 외마디 소리를 지르면서 아래로 미끄러지기 시작하는 겁니다. 순간 머릿속에 100미터 빙벽 아래로 같이 처박히는 영상이 훅 스쳐 지나가더라고요. 다리가 후들후들 떨렸어요. 제 아이스훅이라고 해서 동기 것보다 지탱하는 힘이 더 강할 리 없잖아요. 동기가 추락하면 탄력 때문에 여지없이 빠져버리게 돼 있었어요. 얼음에 박은 아이스훅 하나로는 두 사람의 하중을 버텨낼 수가 없으니까. 안전모를 쓰고 있었지만 목뼈나 팔다리가 부러지면 치

명상을 입거나 불귀의 객이 될 수도 있는 일이었어요.

"뭣 할라고 만날 산에만 댕기는 겨. 사람은 지가 좋아하는 것으로 죽게 되는 거여. 술 좋아하는 놈은 술병으로 죽고, 물 좋아하는 놈은 물에 빠져 죽고, 산 좋아하는 너 같은 놈은 산에서 낙상해 죽기 십상이여."

이런저런 구실을 대며 은근슬쩍 비싼 등산장비를 마련할 때마다 아버지가 말렸었지요. 찰나에 수많은 생각이 스쳐 지나가더라고요. 이제 꼼짝없이 산에서 죽어야 할 판국이었어요. 빙벽 아래로 처박힐지라도 살 방도를 찾자고 다잡았지요. 마지막 순간까지 희망을 버리지 말자, 저승사자에게도 빈틈이 있을 수 있다…… 손에 든 피켈로 힘껏 빙벽을 찍었어요. 깊숙이 박혔다 싶었는데 그 사이 믿기지 않는 일이 벌어졌어요. 미끄러지던 동료의 무릎이 가까스로 얼음 틈바구니에 끼면서 추락을 멈추지 뭡니까. 동료는 더 미끄러지지 않으려고 안간힘을 썼어요. 저는 잽싸게 빙벽을 타고 올라갔고요. 동료를 부축해 자세를 바로잡아주고 무사히 빙벽등반을 마쳤지요. 그날 구사일생으로 살아났습니다. 그날의 동료가 지금 우리 회사 전무이사예요.

세상 만물은 하나의 그물망으로 얽혀 있다고 하지요. 저마다 별로 상관없는 타인들 같지만 인류가 하나의 끈나풀로 연결돼 있는 건 확실한 것 같습니다. 빙벽을 타면서, 크고 작은 등반 사고를 겪으면서 함께 사는 세상이 뭔가 깊이 생각하게 되었어요. 연대하는 삶이 중요하다는 걸 절실히 깨달았습니다. 높은 산 정상에 오르면 짜릿해요. 그 쾌감은 땀 흘리며 힘겹게 걸어 올라간 사람만이 만끽할 수 있는 특권입니다. 이 넓은 세상이 발 아래로 고스란히 내려다보이거든요. 답답하게 코 박고 살던 도시를 멀찌감치 떨어져서 한눈에 조망하노라면 큰 그림도 그려 보게 됩니다.

■ 맹자孟子가 말한 호연지기浩然之氣가 그렇게 자연스레 길러지기도 하겠군요. 프랑스의 철학자 질베르 뒤랑Gilbert Durand은 높은 산에서 바라보는 풍경이 주는 쾌감을 '왕자적 관조'라고 했습니다. 높은 데서 나지리 깔린 인간의 마을을 내려다보면 그 순간 세상을 한눈에 제압한다는 느낌을 주지요. 그러나 그건 어디까지나 서구적인 입장이고, 우리 동양에는 정상을 정복하는 그런 등산이 아니라 산에 들어가서 노니는 유산遊山의 전통이 있습니다. 진정한 호연지기는 정복이 아니라 누구한테도 꿀리지 않는 당당한 도덕적 용기지요.

■ 학창 시절 저는 좀 소심한 편이었고, 부모님하고 떨어져 살다보니 열등감이 많았어요. 왜소했던 제가 등산을 즐긴 건 마음 한편에 정복욕이 있어서였어요. 하지만 산에서 노니는 맛도 좋았지요. 동료들이랑 캠핑하며 밥 지어먹고 술 한잔씩 하는 건 포기할

수 없는 즐거움이었어요. 등산은 제 인생에서 제일로 꼽는 취미입니다.

산에서 내려오면 대담하게 암벽을 타던 청년은 어디 가고 없고, 절벽 밑 담쟁이처럼 낮게 엎드린 못난 내가 있었어요. 쥐뿔 아무것도 가진 것 없고 실력도 없는 지방대생이 무슨 수로 상장회사오너가 될까…… 현실은 늘 막막하고 암담했지요. 어디부터 어떻게 디디고 올라서야 할지 길이 보이지 않던 나날이었습니다.

온달이 평강공주를 만나는 법

■ 산에 안 간 어느 주말, 동갑내기 외사촌 누이가 하는 금산 사진관에 들렀어요. 그런데 거기서 앞으로 제 인생을 이끌어줄 운명을 만나게 될 줄이야…… 늘씬한 키에 뽀얀 피부, 이목구비가 수려한 여인이 하늘에서 뚝 떨어진 것처럼 내 앞에 나타난 겁니다. 숨이 멎는 줄 알았어요. 아찔한 것이 현기증까지 일었고요. 너무 예뻐서 똑바로 쳐다볼 수조차 없을 지경이었으니까요. 그때까지 연애 경험 한 번 없었지만 직감적으로 제 짝인 줄 알았어요. 아니 그런 사람이 제 짝이기를 간절히 바랐던 건지도 모르고요. 외사촌의 여고 동창이었어요. 지금은 아모레퍼시픽으로 사명이 바뀐 태평양 대전지점 연수과 강사라고 했어요. 제 삶에 다신 오지 않을 운명 같았지요. 그래서 첫 만남부터 아무런 대책도 없이 매달렸습니다.

하지만 그때 집사람에게 제 존재감은 제로였죠. 금산 갑부집 딸이고 팔방미인인데 저같이 볼품없는 가난뱅이 대학생한테 무슨 관심이나 있었겠습니까? 지금은 꾀죄죄한 때를 벗고 체중도 많이 늘었지만, 당시는 평균보다 작은 키에 49킬로그램밖에 되지 않았거든요.

제가 내성적인 편이지만 한 번 꽂히면 누구보다 저돌적입니다. 그게 사람이건 일이건…… 그녀 회사로 전화해서 데이트 신청을 했어요. 보기 좋게 거절당했지요. 뭐, 예상했던 일이었어요. 또 전화했지요. 역시 매몰차게 거절하더라고요. 나중에는 아예 전화를 안 받고 다른 직원이 대신 받아서 없다고 전하더군요. 그럴 때면 대전 그 사람 집 앞에서 진을 치고 퇴근하기만을 기다렸습니다. 부잣집이어서 대전에도 집이 있었거든요. 주말에는 금산 사촌 사진관에서 기다리다가 다시 구애했어요. 그때는 진짜로 막 짜증을 내더라고요.

"왜 싫다는데 이렇게 귀찮게 굴어요!"

"지금은 내가 볼품없고 가진 게 없지만 꿈은 큽니다."

"그래서 어쩌라고요? 나더러 바보같이 그 허황된 꿈을 같이 꾸자고요? 나는 번듯한 직장이 있는 반듯한 사람과 결혼할 거예요."

충분히 그럴 만한 일등 신붓감이었죠. 저는 잔뜩 주눅이 들어 되지도 않는 말로 버벅거리면서 미래를 들먹였어요. 아내는 코웃음 치더군요.

■ 운명의 베아트리체를 만난 거네요. 영화 〈일 포스티노〉의 원작 소설 《네

루다의 우편배달부*El Cartero de Neruda*》의 주인공 청년 마리오가 연상됩니다. 그도 박회장님처럼 짝사랑에 마음을 태워요. 상대는 베아트리스라는 아름다운 아가씨였는데, 마리오는 감정 표현이 부족해서 제대로 말도 못 붙여보고 먼발치서 가엾게 응시만 할 뿐입니다. 그러다 베아트리스의 마음을 얻으려고 세계 최고의 시인 파블로 네루다Pablo Neruda의 도움을 받아요. 네루다는 일찍이 이런 시를 썼습니다.

지붕 없는 집도 유리창 없는 창도 싫네.

노동 없는 낮도 꿈이 없는 밤도 싫네.

여인 없는 남자도 남자 없는 여인도 싫네.

남녀가 얽혀 그때껏 꺼져 있던

키스의 불꽃을 불태웠으면 좋겠네.

나는야 유능한 뚜쟁이 시인.*

마리오는 네루다에게 우편물을 배달해주면서 틈틈이 메타포, 곧 은유를 배우죠. 멋진 은유가 깃든 시적 표현이야말로 최고의 연애기술 아닙니까. 그러던 어느 날, 저물녘 갯바위에서 마리오는 네루다가 대신 말하는 것처럼 물 흐르듯 사랑 고백을 하게 됩니다.

"그대의 미소는 한 떨기 장미요, 땅에서 움트는 새싹이요, 솟아오르는 물줄

● 안토니오 스카르메타, 《네루다의 우편배달부》, 우석균 옮김(믿음사, 2004).

기라오. 순결한 여인과 함께 있는 것은 파도가 부서지는 백사장에 있는
것."**

마리오는 여인의 마음을 흔드는 시 낭송 자체인 그 절창의 고백으로 마침
내 베아트리스의 마음을 사로잡는 데 성공하지요.

■ 아, 시가 정말 좋습니다. 역시 김소장님도 우리 세대라 아날로그
맞습니다. (웃음) 불행히도 당시 제 주변에는 그런 시인이 없었네
요. 그랬더라면 애가 덜 탔을까요?
저는 글은 잘 못 쓰지만 말은 좀 힘 있게 하는 편입니다. 그런데
이상하게도 그녀 앞에만 서면 데친 시금치 모양으로 바짝 졸아붙
는 겁니다. 그래서 머릿속 미래는 찬란한데 그걸 조리 있게 잘 설
명을 못 했어요. 그런 제가 한심했던지 아내가 어느 날, 치명타를
날리더군요.
"너 따위가 감히 어떻게 나를 넘보니? 다시는 치근대지 마!"
스토커나 다름없었던 제게 거침없는 욕설로 응수한 거지요. 아무
리 사랑에 눈멀었다지만 이쯤이면 대개 포기하잖아요. 하지만 저
는 한동안 뜸했다가 다시 구애를 계속했어요.
'당신이 아무리 거절해도 나는 알아. 우리는 끝내 부부가 될걸.'
군대 가서도 제 애정공세는 식지 않았지요. 나라의 부름을 받아

●● 안토니오 스카르메타, 앞의 책.

신성한 국방의무를 지고 있는 몸이라서 그녀한테 마음대로 가지 못할 뿐 마음은 늘 그 곁을 맴돌았어요. 그런 제가 딱해 보였던지 회사에서 발행하는 월간 사보를 이따금씩 보내주었어요. 가뭄에 콩 나듯 선심을 베풀어준 거죠. 반가운 마음에 봉투를 뜯어서 탈탈 털어도 보고, 사보를 한 장 한 장 넘겨봐도 어여쁜 그녀가 쓴 엽서나 편지 같은 건 없었어요. 군인한테는 별로 소용없는 화장법이나 피부 관리법 같은 것만 인쇄돼 있었지요. 휴가를 나와 찾아가서 투정을 부려봤지요.

"나라 지키는 사람인데 위문편지 한 통 써 보내면 손가락이 덧납니까?"

그러면 아내는,

"내가 왜 박도봉씨한테 편지를 썼요? 그런 건 나중 내 반려자 될 사람에게나 쓸 거라고요."

톡 쏴붙이더라고요. 저는 씨익 웃으며, 속으로 '그게 바로 납니다, 콧대 높은 아가씨!' 이랬지요.

제대하고 복학해서도 계속 쫓아다녔습니다. '한 번 꽂히면 될 때까지'가 우리 좌우명 아니겠습니까? 회사에 전화를 걸었는데 역시 받지 않더군요. 동료가 받아서 몸이 아파 입원했다고 일러줬어요. 순간 덜컥 겁이 났어요. 큰 병이라도 난 건 아닐까. 퇴원할 때까지 가만히 기다리고 있을 수가 있어야지요. 아내 이미지와 흡사한 백합꽃다발을 들고 충남대 대학병원으로 달려갔어요. 그런데 아무리 찾아도 입원 환자 가운데 아내 이름이 없는 겁니다. 그날이 마침 만우절이었어요. 아내와 동료가 저를 골탕 먹이려고 거짓말을 했던 겁니다. 1984년 4월 1일, 절대 못 잊습니다.

그런데 그 일이 있고 나서 어떻게 된 줄 아십니까? 만우절 날 그 거짓말을 곧이곧대로 믿었느냐며, 나보고 참 순수하다고 아내가 제게 거꾸로 데이트 신청을 한 겁니다. 만난 지 만 3년도 더 지나서였지요. 뛸 듯이 기뻤습니다.

레스토랑에서 만나 상장회사 오너가 되겠다는 인생 계획을 풀어놓았지요. 예전에는 그녀 앞에서 잔뜩 주눅이 들어 있었는데 그날따라 신들린 것처럼 청사진을 펼쳐놓았어요. 가난하지만 근면하고 성실하다는 것, 목표를 세우면 한눈팔지 않고 끝까지 밀고 나간다는 것, 가족과 사랑하는 사람들을 위해서는 이 한 몸 다 바칠 거라고 맹세하듯이 말했어요. 군대 말년휴가 때, 서울 사는 동기와 무교동에서 낙지에 소주를 마시다 하도 답답해서 점을 본 적이 있어요. 뻥을 좀 보태서 그 이야기도 곁들였어요. 왜 있잖아요. 종로 파고다 주변에 점집들 많잖습니까.

"점집 할아버지가 내 사주팔자를 보더니 '불을 다루는 일로 대성할 거 같구먼. 어진 마누라를 만나서 도움을 받을 거네'라고 하지 뭐요. 상고 나와 대학에서 상업교육을 전공하는 사람한테 무슨 불을 다룬다는 건지. 돌팔이였던 거 같습니다. 나는 요행 같은 건 바라지도 않아요. 이렇게 젊고 뚜렷한 목표가 있으니까 얼마든지 이룰 수 있어요. 졸업하고 10년만 고생하면 성공할 거라고 장담합니다."

"박도봉씨, 어쩜 말씀을 그렇게 재밌고 힘 있게 잘하세요? 지금껏 내가 몰라봤군요. 참 소신이 분명한 사람이네요. 오늘부터 우리 진지하게 사귀어봐요."

하늘을 나는 기분이었죠. 그때 결심했어요. 어떤 일이 있어도 이 여자만을 사랑할 것이다, 친구처럼 손잡고 끝까지 가겠다……

"그간 도봉씨에게 너무 험하게 말하고 못되게 해서 미안해요. 인연이 아닌 것 같은데 너무 매달리니까 정을 떼려고 부러 그런 거였어요."

상처가 눈 녹듯이 녹아내리더라고요.

"스토커처럼 따라다녀서 무섭진 않았어요?"

"무섭긴요. 도봉씨 꼭 소년 같은데요. 체구도 저보다 작은데 무섭긴 뭐가 무서워요. 내가 생일도 몇 달 빠른 누나인데."

"난 첫눈에 '이 사람이 바로 내 아내 될 사람이다'라고 직감했어요. 그런 확신이 있는데 과정상에서 그깟 핀잔 좀 들은들 무슨 상관이겠습니까? 후회하게 될 사람은 당신인걸."

저는 아무렇지도 않은 척 담담하게 말했지요.

"이제부터 힘닿는 데까지 도울 테니 마음껏 날아보세요."

그 후 거의 매일같이 만나고 대화도 많이 나눴습니다. 첫 키스할 때 꼭 구름 속을 산책하는 느낌이었습니다. 왜 '날카로운 첫 키스

의 추억'이라고 하는지 그때 알게 되었지요. 입으로 키스하는데
왜 귀에서 종소리가 나는지도요.

청춘도 유예기간이 있다

■ 그럼 사모님하고 연애를 시작한 게 몇 살 때였습니까?

■ 짝사랑 말고 진짜 연애는 25살 때부터였어요. 그러다 4학년을 맞
았죠. 졸업반이라 대전의 한 고등학교로 교생실습을 나갔습니다.
평소에 교사를 하고픈 마음이 전혀 없었지만 교생실습을 하고서
확실하게 접었습니다. 역시 팔팔 뛰는 현장 일이 제 적성에 맞을
것 같았습니다.

■ 안정적인 생활을 위해서 공무원이나 교사를 배우자로 선택하겠다는 건
예나 지금이나 같을 겁니다. 집토끼 놓아주고 산토끼 잡겠다고 하니까 여
친이 뭐라던가요? 진로 문제니까 상의했을 테죠.

■ 당연히 상의했습니다. 저는 산업현장에 곧바로 뛰어들기보다 관
련 대학원에 다니면서 업종을 선택하고 싶었어요. 그 얘기를 했

더니, "도봉씨가 교사생활이 싫다는데 어쩌겠어요. 대학원에 진학하세요" 하더라고요.

집사람은 고3 때 암투병하던 아버지가 돌아가시자 스스로 대학 진학을 포기했어요. 나중에 대학을 나왔지만 저라도 공부를 더 하길 바랐던 겁니다. 그래서 들어간 곳이 숭실대 대학원 노사지도학과였어요. 그곳도 신설 학과여서 내가 1기였지요.

장남이란 놈이 따놓은 교사 자격증을 내팽개치고 서울로 대학원 진학을 한다니까 부모님은 쌍수를 들고 반대하셨지요. 등록금도 주지 않았습니다.

집사람이 준 돈으로 대학원에 등록했습니다. 방 구할 형편이 못 돼서 종로 북촌 가회동에 있는 독서실을 숙소로 정하고 서울생활을 시작했어요. 대학원을 다니면서 당시는 장래가 밝다고 소문난 공인중개사 자격증을 따려고 그 공부도 병행했습니다. 뭐 하나라도 걸리기만 해라 하는 심경으로 여기저기 손을 댔던 거지요 뭐.

집사람은 하루가 멀다고 매일매일 정성스럽게 편지를 보내줬습니다. 지금은 고달파도 머잖아 창업해서 상장하게 될 때를 생각해서 묵묵히 큰 그림을 그리는 공부를 하라고 응원해줬어요. 편지를 읽을 때마다 힘이 났지요. 나중에는 독서실 친구들이 먼저 뜯어보고 놀려댔는데 저는 결혼할 생각에 마냥 좋았지요.

공인중개사 자격증 시험은 얼마 안 가서 포기했습니다. 자격증을 대량으로 줘서 실속이 없더라고요. 혹시 대학원 공부도 마찬가지가 아닐까 하는 회의가 들더군요. 1학년 과정을 마치고 나니 더 그랬어요. 요즘 대학생들이 취업이 안 되면 졸업하지 않고 1~2년씩 미루잖아요. 당시 저도 그랬어요. 창업하겠다는 결심은 진작 서 있었지만 막상 현장에 뛰어들자니 용기가 안 났던 겁니다. 그래서 대학원을 다니고 있었지요. 지금처럼 청년창업 플러스센터나 청년희망 아카데미, 창업멘토링 센터나 청년비상 프로그램 같은 게 전혀 없을 때였습니다. 아마 있었더라도 주저하기는 마찬가지였을 겁니다.

■ 유례없는 취업난 속에 '스펙 쌓기' 열풍에서 한발 물러나 '쉼표'를 찍는 대학생들이 늘고 있다고 합니다. 휴학하고 장기 여행을 떠나는 이른바 갭이어gap year족이지요. 대학 졸업을 미루는 'NG(No Graduation)족'에 이은 출현입니다. 교육부의 '2014년 전국 4년제 대학 9학기 이상 등록 현황'을 보니까 정규 학기(8학기)를 넘어 대학에 다니는 학생이 12만 명이 넘는답니다. 이 학생들이 낸 등록금만 500~600억 원이고요. 그렇다고 졸업을 미룬 학생들의 고용률(76.3퍼센트)이 일반 학생들(75.7퍼센트)과 큰 차이가 나는 것도 아닙니다. 바라건대 우리 청춘들이 갭이어를 보내는 동안 자신이 정말 원하는 인생이 무엇인지 깊이 고민하고 활기찬 새 출발을 했으면 합니다. 사실 학생 때처럼 행복할 때가 또 언제겠습니까. 그런데 진로가 막막한 상태에서 졸업하려니 머뭇거릴 수밖에요. 귀화하지 않은 제일동포로서는 최초로 일본 도쿄대 정교수가 된 강상중 교수도 그런 경험이 있다고 합니다.

"나는 대학을 졸업한 후, 내가 가야할 진로를 정하지 못하고 대학원에 남아 긴 유예(모라토리엄)기간을 보냈습니다. 그렇게 된 것은 내가 사춘기 이후 오랫동안 자아의 질곡에 사로잡혀 거기에서 빠져나오지 못했고, 대학을 졸업한 이후에도 여전히 발버둥치고 있었기 때문입니다."

정치학을 전공했는데 재일조선인인 자신의 정체성을 찾지 못해 서른이 다 되도록 괴로워했답니다. 그러다가 은사의 권유로 탈출하듯 일본을 떠나 독일 유학을 떠나죠. 거기서 막스 베버Max Weber를 공부하고 야스퍼스Karl Jaspers의 "자기의 성을 쌓는 자는 반드시 파멸한다"는 말을 수용, 자아는 타자와의 상호인정에 의한 산물이어서 인정받으려면 자기를 타자에게 던질 필요가 있다는 결론을 내리게 됩니다. 힘겨워도 머뭇거리지만 말고 자신을 삶의 현장에 내던져야 하는 것인가요?

■ 안 그러면 어쩔 겁니까? 계속 머뭇거리며 부모 재산이나 파먹고 사는 캥거루족으로 남을 거요? 현장으로 뛰어들어 치열하게 노동하거나 창업해서 자영업자로 살아가는 길밖에 더 있겠어요? 직업을 가진 우리 국민의 75퍼센트가 고용직 노동자이고 나머지 25퍼센트가 자영업자입니다. 그 어느 쪽이건 소속돼야지 언제까지고 학생으로 남아 있거나 게으른 몽상가로 지낼 수는 없지 않겠습니까? 힘든 일 하기 싫어서 자꾸 유예기간을 늘리지 말고 이 기회에 5~10년만이라도 빡세게 일해보라고 권하고 싶군요. 그

러고 나서 계속 그 일을 하든가, 창업하든가 하라는 겁니다. 그러다보면 자신도 모르게 새로운 삶이 기적처럼 찾아와요. 경험자로서 자신 있게 말할 수 있습니다.

■ 결국 노동 권장인가요? 마르크스Karl Marx가 인간의 역사를 노동의 역사로 봤잖습니까? 그는 인간을 '현실은 인정하나 그것을 극복하려는 존재'로 파악했습니다. 지금의 현실을 인정하고 노동하며 적응하면 발전이 없습니다. 그렇다고 현실을 부정하고 다 같이 편하게 살자는 뜬구름 잡는 소리도 마찬가지입니다. 자본주의 옹호론자나 공상적 사회주의자로는 역사가 발전할 수 없습니다. 극복하려는 존재에 방점이 찍혀야지요.

■ 일을 하면서 극복해가야지요. 누군들 세상에 대한 불만이나 분노가 왜 없겠습니까? 지금 이 사회의 불평등 구조는 마땅히 바로잡아야지요. 단언컨대 미래의 기업가는 불평만 하는 사람이 아닌, 이 불만과 분노를 풀려고 적극적으로 매달리는 사람들 가운데서 나올 겁니다. 창업으로 좋은 일자리를 만들어야 불평등 구조도 사라집니다.

■ 선사시대와 역사시대를 통틀어 인류문화사는 노동 경멸의 역사입니다. 동아시아에서는 풍류에서, 인도는 명상을 통해, 그리스는 철학에서 구원을 찾았습니다. 오직 기독교 청교도들만이 노동에서 구원을 찾지요. 막스

베버가 프로테스탄트 윤리와 자본주의 정신의 상관관계를 밝힌 것도 다 그래서예요. 노동과 구원, 반反노동의 인문학과 놀이하는 존재로서의 인간에 관해서는 얼마든지 토론의 여지가 많아요. 우선은 박회장님의 창업 이야기부터 마저 듣기로 하죠.

■ 대학원 동기 가운데 H열처리 공장 김아무개 사장이라는 분이 있었습니다. 저보다 나이가 꽤 많았지요. 산업 분야에 근간이 되는 필수 열처리 부품을 국산화하려고 애쓴 기업가입니다.

"요즘 젊은 사람들은 편하고 고상해 보이는 것만 찾으려고 해. 돈은 절대 그런 데 있지 않아. 겨우 밥이나 먹고 사는 거지. 소수 편에 서야 큰돈을 벌 수가 있어. 금속제련, 열처리 같은 부품 소재 기반 사업에 뛰어들면 좋을 텐데. 요즘 청년들은 도무지 패기가 없어. 도전정신이 부족해."

그분의 푸념을 듣고 있는 나 역시 말만 요란했지 패기와 도전정신이 부족하기는 마찬가지였습니다. 금속제련과 열처리란 말을 들으니 그런 살벌한 건 왠지 제가 할 일이 못될 것 같았지요. 공고를 나온 사람들 몫 같았어요. 주저했던 게 사실입니다. 하지만 마음 한편으로, 그렇게 전망이 밝다면 못할 것도 없겠다 싶더군요. 때마침 처형 되실 분이 'H열처리'라는 잘나가던 회사에서 경리를 하고 있었어요. 막연했지만 우선 두들겨보기로 했지요. 전망부터 물었어요. 처음에 발 들여놓기가 힘들어서 그렇지 하겠다고만 하면 전망이 밝다고, 처형 되실 분은 적극적으로 권했습니다. 그렇다면 더 망설일 이유가 없었어요. 대학원은 그만 접고 현장에 뛰어들기로 했습니다.

그전에 결혼부터 할 작정이었어요. 오랫동안 저 혼자만 짝사랑하다 뒤늦게 불이 붙어 서로 더 이상 떨어져 지낼 수 없는 사이로 발전한 거죠. 아내를 데리고 우리 부모님을 찾아뵈었어요.

"참한 색싯감이로구나. 그란디 뭘 볼 게 있다고 불알 두 쪽밖에 없는 우리 아들 같은 사람을 만났다냐? 철딱서니도 없지. 앞날이 그믐밤만치로 깜깜한 사람하고 뭔 결혼을 해. 이 결혼은 안 된다. 도봉이 너도 그렇지. 장남이 직장도 없이 무슨 결혼이냐? 하라는 선생은 안 하고 대책도 없이 결혼부터 해서 어쩌려고!"

시골 부모님이 고지식한 분들이라 매몰차게 반대했습니다. 아내가 밤새 울더군요. 도대체 부모님에게 어떻게 보였길래 그렇게 못 믿으시냐며, 자기도 이런 결혼은 못하겠다고…… 소신이 분명하고 자존심이 강한 사람인데 상상도 못했던 일이었던 거죠. 집사람을 달래면서 기회를 엿보기로 했어요.

하필 그 무렵이 장모님 환갑잔치였어요. 물론 저는 초대받지 못했지만 그래도 용기를 내서 찾아갔어요. 보기 좋게 문전박대를 당했지요. 보잘것없는 백수를 누가 반기겠습니까? 집사람도 쌀쌀맞게 대하며 피하더라고요. 손위 처남이 뒷방에 자리를 만들어주고 저랑 대화를 해보더니 고맙게도 적극 주선하고 나왔습니다.

성실하고 결단력이 있는 청년이라며 집사람을 설득했지요.

결국 결혼을 밀어붙였어요. 아내는 그 좋던 직장을 그만두고 백수랑 살림을 차린 거지요. 신방은 금산 우리 부모님 집 방 한 칸이었어요. 우리 집이 대식구라서 복작거렸어요. 아내가 힘들어할까봐 사글세라도 얻어서 독립하고픈 마음도 있었지만 부모님이 장남과 같이 살고 싶어하시는데 장남으로서 나몰라라 할 수가 있어야지요. 아내와 친구처럼 야자하면서 알콩달콩 사는 날은 뒤로 미룰 수밖에 없었지요.

■ 백수였는데 그럼 생활비는 어떻게 충당하셨습니까?

■ 당분간 아버지의 일을 도우며 지냈어요. 금산 시장 점포에서 인삼을 팔았어요. 장날에는 매출을 몇백만 원이나 올리기도 했습니다. 먹고살자면 그리 나쁘지 않은 일이었지만 아내나 저나 그 일은 임시방편으로 생각했어요.

"이건 아냐. 장사꾼 아내가 되려고 도봉씨를 택한 게 아냐. 도봉씨 꿈은 창업이잖아. 우선 돈벌이 좀 된다고 이런 시골 구석 시장 바닥에 묻혀 있을 수는 없죠. 성실하고 저돌적인 사람이라면서요 당신. 당신 장점을 살리려면 창업해야죠. 여기 일은 내가 도울 테니 서울로 올라가요. 가서 부딪쳐보세요."

신혼의 단꿈에 빠져 지낸 지 두 달 만에 아내가 저를 내몰았어요.

야속했지만 멀리 보고 가야 할 길이니 어쩌겠나 싶었습니다. 서울에서 큰 슈퍼를 연 친구한테 갔어요. 우선 거기서 먹고 자며 일을 거들었죠. 그러면서 어떤 일을 배워 창업할까만 생각했어요. 한 달가량을 그렇게 보냈습니다. 그 또한 유예기간이었던 거지요. 그때 금산에 있던 아내는 서울 H열처리에 다니던 처형과 합쳐서 살림집을 구할 생각을 하고 있었어요. 그러다가 처형의 방을 빼고 아내가 가지고 있던 돈을 합쳐 전셋집을 얻었어요. 건국대 뒤 자양동 꼭대기에 있는 방 두 칸짜리 반지하 방이었습니다. 입구가 비좁아서 세간도 제대로 못 들여놨어요. 아내가 장만해온 신혼 살림살이 가운데 옷장과 최소한의 생필품만을 겨우 들여왔죠.

시골 부모님이 아내를 원망했습니다. 부모 봉양하며 함께 살아야 할 장남을 되바라진 아내가 서울로 빼내갔다고요. 미운털이 박혔지만 정작 아내는 아랑곳하지 않더라고요. 성공하면 더 잘 시봉할 수 있고 시동생들도 거둘 거라고요.

그 시절 반지하 방 신혼생활이 꿀재미였죠. 사랑하는 아내와 한 집에 살고 있다는 실감이 나더군요. 금산 본가에서는 할머니와 부모님, 동생들이랑 다 같이 사니까 그런 건 꿈도 못 꿨죠. 처형이 다른 방 하나를 쓰긴 했지만 아침 일찍 출근했다 저녁에 돌아왔으니까 우리 둘만 오붓하게 지내는 시간이 많았습니다. 처형이 출근하고 나면 둘이서 장도 보고 음식도 만들어 먹었어요. 둘이서 삼겹살 5인분을 구워 먹어치우기도 했죠. 거기서 큰아이를 낳

있어요. 저한텐 공주죠. 돌이켜보면 너무 가난했는데 최고로 행복했던 때였구나 싶어요.

먹물 냄새는 자랑이 아니다

■ 벌이도 없이 파먹고 지내니 아내의 지참금도 바닥이 나고 있었어요. 처형이 다니던 H열처리에 원서를 넣었지요. 거기서 기술을 배워 창업할 계획이었습니다. 바로 붙었죠. 그런데 입사하자마자 발령받은 곳이 경남 창원 공장이었어요. 아무리 생각해도 이제 막 서울로 올라와 신접살림을 차렸는데 거기까지 내려갈 수는 없었어요. 그간 제가 가늠해온 창업 무대는 서울과 경기도였고요. 게다가 창원 공장에서 제가 해야 할 일은 사무직이었습니다. 창업을 위해 현장 일을 배워야 할 입장이니까 저로서는 여러모로 내키지가 않았어요.

꼭 열처리만이 능사가 아니다, 시장에도 내가 할 일이 있지 않을까 하는 생각에 그날부터 밤 10시면 집을 나섰어요. 남대문 시장이나 가락동 농산물센터, 노량진 수산시장을 속속들이 파고들어가서 시장조사를 했습니다. 청과물이나 수산물 유통업을 해보려고요. 그런데 아무리 따져봐도 제가 할 일이 아닙니다.

결국 다시 열처리 쪽으로 방향을 틀었어요. 그길로 영등포 문래동 일대 열처리 회사들을 찾아다녔습니다. 말이 회사지 재래상가 점포들처럼 다닥다닥 붙은 비좁은 열처리 집들이 대부분이었어요. 소음에 먼지에…… 옹색한 작업장이 쭉 이어져 있는데 분위기가 겁나게 을씨년스러웠어요. 검게 그을린 네모난 콘크리트 건물들에 얇은 슬래브 지붕이 얹혀 있고, 한쪽 벽면에는 숨구멍처럼 작은 창문 하나가 높이 달려 있었지요. 그 가운데 'K열처리'라는 회사에 입사원서를 냈습니다. 이력서에 대학 졸업, 대학원 중퇴자라고 학력은 안 썼어요. H열처리처럼 사무직으로 발령을 낼 수가 있었으니까.

양복을 차려입고 넥타이까지 매고 면접을 보러 갔어요. 그런데 면접관이 저를 보자마자 탈락시켜버리더라고요.

"당신은 이런 일을 할 수 있는 사람이 아니오. 상고 출신이니 딴 데 가서 사무직을 알아봐요."

저를 며칠 일하다가 그만둘 사람으로 봤던 거죠. 맘먹고 제대로 기술을 배우겠노라고 매달렸는데도 면접관은 완강했어요. 다음 날 다시 찾아갔죠. 역시 같은 말만 되풀이했어요. 그 다음날도 가서 매달렸죠. 알잖아요. 우리는 한 번 꽂히면 될 때까지 하는 성미라는 거. (웃음)

면접관하고 그렇게 옥신각신하는데 사장이 등장합디다. 사장한테 매달렸어요. 정말로 빡세게 일할 테니까 받아달라고요. 사장이 작업복은 있느냐고 묻더군요. 작업복이 있을 턱이 없잖아요? 그래도 당연히 있다고 하고 집에 가서 군복을 찾아 입고서 다음 날 아침 출근했습니다. 시퍼런 불꽃이 징징거리고 쇳가루 냄새 진동하는 불구덩이 속으로 그렇게 뛰어든 겁니다. 그게 1987년 7월 한여름이었지요.

■ 대학 졸업장은 괜히 땄네요? (웃음)

■ 저는 동료들한테 대학 나온 사실은 끝까지 숨겼어요. 스스럼없이 어울려 일을 배우려면 먹물 냄새 같은 건 위화감이나 조성하고 겉돌게만 할 뿐이니까. 공고를 나온 기능직들과 뒤섞여서 똑같이 일했어요. 2개 조로 나뉘어 하루 12시간 맞교대하면서요. 같이 일한다지만 저한테는 그 사람들이 다 갖고 있는 기술이 없었어요. 그 사람들보다 더 매달려도 뒤지게 돼 있었어요.

지금 생각하면 까마득한 원시시대지만 그 무렵 열처리 회사들은 땅을 파서 도가니를 만들고 거기서 버너로 오일을 연소시켜 열처리를 했어요. 말이 회사요 공장이지 그냥 대장간이라고 하면 될 만큼 영세한 열처리업체가 대부분이었지요.

몇 년 전에 지나가다가 보니까 공장들은 거의 다 사라져서 몇 집 없고, 예전에 철공소들이 있던 데에 예술촌이 들어섰더군요. 철공소와 예술가들의 작업실이 안 어울릴 것 같은데도 묘하게 잘 어울렸어요. 발상의 전환이 참신했어요.

■ 예술가들의 작업실이 100여 곳이나 된답니다. 문래동은 고려 말 문익점
이 원나라에서 목화씨를 가져와 전파하고 처남 정문래가 물레를 제작, 복
식혁명을 일으킨 데서 유래했다고 합니다. 그전에도 무명옷이 있었지만
재래 목화 종자로는 면사를 많이 얻지 못했다지요. 문익점이 신품종 목화
를 들여와 재배법과 면직물 생산기술을 널리 보급시킨 겁니다. 헐벗은 백
성을 따습게 입혔던 것이죠. 훗날 세종은 문익점이 죽은 뒤에 그가 새로
운 의류산업을 일으켜 백성을 풍요롭게 했다 해서, 부민후富民侯로 품계를
높여줍니다. 일제 강점기에는 그 일대에 방적공장이 밀집하게 돼요. 영등
포 문래동은 신성장산업의 역사적 장소인 셈이지요. 문래동 주민센터 '문
래 목화마을 만들기 사업단'에서는 해마다 일대에 목화를 심어오고 있습
니다. 그런데 열처리가 정확히 뭔가요?

■ 열을 가하면 금속의 세포라고 할 수 있는 조직이 변해요.* 금속부
품에 가하는 알맞은 열처리로 기계의 기능을 향상시키고 수명을
연장할 수 있어요. 열처리가 가장 많이 이용되는 분야가 자동차,

● 순철을 가열하면 섭씨 912도에서 그 성질이 변화한다. 그 재질의 강도를 높이기 위해 불로 빨
갛게 달궜다가 여러 가지 과정으로 식혀서 그 성질을 조정한다. 풀림annealing, 뜨임tempering,
불림normalizing, 담금질quenching 등으로 원하는 제품을 얻는다. 가열했던 노爐 안에서 식
히는 게 풀림이고, 물이나 기름에 바로 식히는 게 담금질이다. 풀림은 조직세포를 키우고 담
금질은 조직세포를 조밀하게 한다.

산업기계, 철도차량, 금형, 섬유기계, 전기, 전자, 선박, 항공기 부품 등이지요. 단단한 금속 부품의 성질을 변화시키는 열처리 집의 작업환경은 그야말로 어수선합니다. 요즘은 공장 스마트화로 많이 깔끔해졌지만 당시만 해도 말도 못하게 난잡했어요. 그래도 저는 거기서 일하니까 그전까지는 뭔가 답답하기만 했는데 숨통이 뻥 뚫리는 느낌이었어요. 역시 저는 육체노동이 딱 맞고 현장 체질이었던 거지요.

■ 그래도 일 배우기가 만만치 않았을 것 같은데요.

■ 숙련된 기술자들은 잔심부름만 시킬 뿐 여간해서 일을 잘 가르쳐 주려고 하지 않았어요. 밀려들어오는 일거리 때문에 워낙 바쁘기도 했지만 기초도 없는 햇병아리가 얼토당토않은 질문을 퍼부어 대니까 귀찮고 번거로웠던 거죠. 기술자들은 열처리로 벌겋게 달아오른 부품에 침을 탁탁 뱉곤 했어요. 침이 증발하는 상태만 보고도 지금 몇 도쯤으로 식었다는 걸 정확히 짚어냈어요. 원했던 만큼 식으면 다시 가열해서 완성해내곤 했죠. 1,000도 이상 고온에서 금속별 열처리 온도를 온도계도 없이 눈대중으로 정확히 짚어내는 겁니다. 오랜 경륜을 통해 터득한 노하우였어요. 제 사수인 작업반장은 저보다 나이는 어렸어도 경력 10년이 넘은 베테랑이었지요. 초등학교만 나왔는데도 벌써 1급 장인이 됐어요. 그

게 그렇게 부러웠습니다. 저도 어서 빨리 그런 경지에 들고 싶어서 눈에 불을 켜고 일에 매달렸어요.

당시 K열처리에는 공고에서 현장실습 나온 학생들이 있었습니다. 그 학생들한테 아이스크림이나 음료수를 사줘가며 기초부터 배웠어요. 금속재료에 관한 책도 추천받아 읽어가면서 이론과 실습을 병행했죠. 열처리 설비 중에 '버너'라는 게 있는데 그땐 그게 그렇게 조악해서 연기도 매캐하고 그을음도 심했거든요. 작업복이 금세 까매지고 기름때, 땀으로 절었어요. 그래도 피곤한 줄 몰랐죠. 기술을 익힌다는 게 그렇게 뿌듯했거든요.

당시 아내는 큰아이를 임신해서 만삭이었어요. 그 몸으로 제 도시락을 싸고, 부엌도 비좁은데 한쪽에 쪼그려 앉아서 기름때 전 작업복을 손빨래하느라 고생했죠. 세탁기 같은 사치품은 장만할 형편도 못됐고 들여놓을 공간도 없었어요.

■ 돈 참 힘들게 버셨습니다. (웃음)

■ 아, 당연하지요. 아직도 기억나는데 1987년 8월, 첫 월급을 탔습니다. 11만원이었어요. 당시는 대기업이나 중소기업의 신입사원 임금 차이가 별로 없던 때였어요. 대졸 초임이 30만원쯤 되었을 겁니다. 그런데 기름때 전 현장에서 하루 12시간 비지땀을 흘리고서 받은 돈이 달랑 11만원이라니. 너무 적었어요. 속

이 상했죠. 그래서 그 돈으로 회사 사람들하고 저녁을 먹고 밤새 도록 술을 퍼마셔버렸습니다. 택시비까지 탈탈 털어 코가 비뚤어 지게 마시고, 새벽에 들이닥쳐 아내에게 택시비 내라고 소리치고 잠들어버렸습니다. 아내가 군말 없이 택시비 치러주고 새벽에 깨 워 출근시켰어요. 숙취로 골머리가 깨질 것 같은데 일어나 찬 물 에 샤워하고 출근했어요. 어떤 일이 있어도 지각이나 결근은 안 했으니까요. 그게 제 신념입니다. 약속을 어기거나 맡은 일을 팽 개치는 사람과 어느 누가 중요한 일을 함께하겠습니까? 다들 이 유와 핑계는 많겠지만 어쨌든 그것도 한두 번이지요. 약속은 반 드시 지키고, 맡은 일은 꼭 해내야 얘기가 됩니다.

■ 당시 11만 원이면 그렇게 큰돈은 아니었어요. 제 하숙비가 12만 원이었던 거 같아요. 그걸로 생활이 되던가요?

■ 아내가 늘 생활비에 쪼들렸지요. 임신한 몸이라 일을 가질 수도 없었고요. 어쩌다 친정 식구들이 놀러왔다가 화장대에 현금 몇만 원씩 놓고 가면 그걸로 버텼답니다. 그러다 도저히 안 되겠어서 금산 시댁을 찾아가서 손을 벌렸던 모양이에요. 우리 부모님이 어렸을 적부터 자식들에게 독립심을 강조해온 분들인데 며느리 부탁을 들어줄 리가 없었지요. 아내가 많이 야속해했어요. 그런 데 뜻밖에도 기부천사가 나타났지 뭐요.

동생 석봉이가 아내한테 50만 원을 쥐여줬답니다. 시골집에 갔을 때 옥상으로 불러서 모아놓은 전 재산이니까 이거라도 받아달라고…… 석봉이가 제 형수한테 참 잘했어요. 속이 깊은 놈이라…… 지금 베트남에 있는 현대알루미늄VINA 대표예요. 중학생 때는 금산에서 주먹으로 날렸죠. '일진'이라고 하나요? 금산농고 다닐 때는 보스 노릇까지 했습니다. 마냥 내버려둘 수가 없어서 고3 여름방학 때, 그 꼴통을 붙잡아다가 독서실에 가둬놓고 공부를 시켰어요. 종로에 있는 입시학원에 등록하고 스파르타식으로 밀어붙였죠. 공부랑은 담 쌓고 사는 애라 안 그러면 대학에 밀어넣을 수가 있어야지요. 제가 대학에 다닐 때였습니다. 석봉이가 대학에 들어가니까 금산농고 선생님들이랑 학생들이 놀라서 자빠질 뻔했대요. 형이 대학 보냈다니까 세상에 그런 꼴통을 대학생으로 만든 형이라는 사람이 도대체 누구냐고요.

부지런히 일을 배워서 창업하고 회사를 키워서 그 동생을 데려올 참이었어요. 동생이라서가 아니라, 회사 살림을 믿고 맡길 재목이 됐거든요.

그 즈음에 첫애가 나왔습니다. 새벽에 아내의 양수가 터졌어요. 부축해서 산부인과로 달려갔지요. 출근시간이 되니까 저는 제시간에 맞춰 출근하겠다고 아내한테 말했어요. 아내가 초산이라서 불안해했는데 속으로 많이 섭섭했다고 하더라고요. 외숙모와 아내 친구가 제 대신 보살펴줬지만 어디 남편이랑 같겠어요? 하지

만 그런 정도는 나중에 창업하고서 겪은 본격적인 고생에 비하면
아무것도 아닙니다.

창업하려면 영업은 필수

■ 그래도 첫애가 태어나는데 옆에 있어주지 그러셨습니까. 고지식한 건가요? 융통성이 너무 없었군요.

■ 저는 융통성이라는 말 별로 안 좋아합니다. 말이 좋아서 융통성이지 대개는 공과 사를 구분하지 못하거나 자기 편의주의 혹은 편법이에요. 아내를 돌봐줄 사람이 없었던 것도 아니고, 회사에 미리 말해놓은 것도 아니었잖아요.

■ 딱 일중독이셨던 것 같습니다.

■ 뭐 그랬다고 봐야지요. 입사하고 반년쯤 지났을 땐데…… 어깨너머로 배운 기술이었지만 열중하니까 어느 정도 몸에 익었지요. 눈대중으로 불빛 상태만 봐도 금형 제품이 어떤 금속인지 어렵잖게 알 수 있었어요. 빛의 거리, 파장, 퍼짐 같은 게 한눈에 다 구별

되었습니다.

어느 날 영업부장이 그쯤 배웠으면 이제 영업을 뛰어보는 게 어떻겠느냐고 제안해왔어요. 창업하려면 영업은 필수입니다. 수주하고 납품하고 수금하는 일도 영업부에서 했어요. 마다할 이유가 없었지요. 문제는 당시 제가 운전에 서툴렀다는 점이었어요. 1톤 트럭으로 거래처를 돌거나 새 거래처를 뚫어야 하는데 그게 좀 걱정이었어요. 까짓것 하다보면 늘겠지, 해서 당장 트럭을 몰고 거리로 나왔어요. 서울에 와서는 처음 해보는 운전이었죠. 지금처럼 오토가 아니라 수동이었는데 변속기를 작동해가며 복잡한 신호를 받자니 진땀이 납디다. 얼마 못 달리고 시동을 꺼뜨렸더니 뒤에서 빵빵거리고 난리였어요. 줄기차게 몰고 다니며 배웠지요 뭐.

드디어 영업사원으로서 첫 출근하는 날이었는데, 당시 열처리 회사 영업사원들은 허름한 작업복 차림으로 영업을 다니는 게 관행이었습니다. 그런 복장이 현장을 누비고 다니며 일하기 편하고 트럭과도 어울렸으니까. 저도 처음에는 그럴 생각이었어요. 그런데 아내가 질겁하더라고요. 대기업 연수원 인기 강사였던지라 생각이 달랐어요.

"세상에! 영업은 인격이에요. 비록 쇳덩어리 들고 다니는 처지라지만 어떻게 남의 집 가는 사람이 기본적인 예의도 갖추지 않을 수가 있어요? 당신은 반드시 양복을 단정하게 입고 다니도록 하세요."

들고 보니 맞는 말이었어요. 남들이 관행적으로 해온 일이라고 해서 똑같이 답습할 필요는 없잖아요. 아내가 빳빳하게 다려준 새하얀 와이셔츠에 넥타이까지 맨 슈트 차림으로 출근했습니다. 내친김에 트럭도 깨끗이 세차하고.

"대학물 안 먹었다고 할까봐 먹물 티 어지간히 내네."

회사 동료들 반응이 영 심드렁합니다. 어제까지도 기름때 덕지덕지 묻은 작업복 차림이던 사람이 새신랑처럼 말쑥하게 차려입고 나타나니까 서로 쑥덕거리는 거였어요. 그 무렵 동료들은 제가 대학원까지 다니다 온 걸 시나브로 알고 있었습니다.

어쨌든 저는 그날부터 열처리업계 최초로 '양복쟁이 영업맨'이 되었습니다. 영업부 관행에 따르면 기름밥 현장에서는 양복 차림보다 작업복이 더 신뢰감을 준다더군요. 하지만 저는 아내와 같은 생각이었어요. 영업은 첫 거래를 트는 일인데 자기 편리한 복장보다 상대방에게 격식 갖춘 복장이 더 신뢰감을 높인다고 봤어요. 결과는 부딪혀봐야 아는 법, 답은 늘 현장에 있는 거니까요.

양복 호주머니에 명함 30장을 꽂았습니다. 내심 '이거 다 못 돌리고 오면 오늘 죽는다'는 각오로 길을 나섰지요. 실적을 올릴 생각에 들떴습니다.

영업부장이랑 기존 거래처를 돌며 인사를 트고 나니까, 혼자서 시장개척을 하는 단계가 왔어요. 선임자가 뚫어보려 했지만 실패했다는 업체들을 공략하기로 했습니다. 그런데 막상 혼자 나서서 부딪쳐보니 만만치가 않습디다. 우선 내성적인 제 성격이 문제였어요. 우리 회사 제품 성능이 이렇게 좋으니 거래해달라는 말이 잘 안 나왔어요. 그냥 물건을 팔려고 우리 상품을 포장하고 자랑하는 게 영 쑥스러웠던 거죠. 적극적으로 파고들어도 시원찮은 판에 쭈뼛쭈뼛하고, 가지고 온 물건도 제대로 보여주지를 못했어요. 이럴 거면 번듯한 양복은 왜 입고 왔는지, 스스로 생각해도 참 빙충맞은 노릇이었어요.

그래서 생각해낸 게 상대방의 고충을 세심히 들어주는 거였어요. 내 말을 앞세우기 전에 상대의 마음부터 읽기로 한 것이죠. 기계 부품을 다루는 업체마다 잘 풀리지 않는 일이 있기 마련입니다. 그걸 함께 고민하고 해결하는 방식으로 일거리를 따냈어요. 방문한 업체에서 급하게 필요한 열처리가 있을 때는 당장의 이익을 따지지 않고 요청하는 시간보다 더 빨리 해다 줬지요. 한밤중이건 새벽이건 가리지 않았어요. 처음에는 반가워하면서도 의아해했어요. 그러다가 차차 신뢰가 쌓이면서 큰 일거리를 맡기기 시작했지요.

자랑 좀 하자면, 평택 쌍용자동차는 제 영업 방식의 신기원을 연 곳이죠. (웃음) 그전까지는 주문을 받아서 적절히 열처리한 다음 납기에 맞춰 갖다주면 그만이었어요. 그렇게 한 번 일거리를 따내고 별다른 하자만 없으면 계속 도맡아서 하게 되죠. 적절한 마진을 붙인 납품으로 먹고사는 겁니다. 그런데 자동차 부품은 끊임없이 성능을 개선해야 하는 품목이거든요. 매일같이 신기술이 쏟아져나오는 글로벌 경쟁 구조에서 전보다 조금이라도 더 나아져야 수출경쟁력이 있어요. 그렇잖으면 세계시장에서 바로 도태됩니다. 그래서 자동차 회사는 늘 연구개발(R&D)에 몰두합니다.

R&D는 원청회사만의 몫일까요? 저는 그래서는 안 된다고 봤어요. 원청 회사와 하청 회사가 함께 고민하고 연구해야 보다 품질 좋은 금형 제품이 나올 수 있어요. 그렇다면 우리 열처리 회사도 자동차 회사의 주문대로만 해줄 게 아니라 유기적인 협력관계를 맺고 공동 연구할 필요가 있는 거잖아요. 그래서 명품 엔진을 만들면 동반성장하는 것이 되지요.

열처리 비용은 대개 제품 비용의 10퍼센트가량입니다. 그 10퍼센트 비용으로 기존보다 2~3배 이상 성능 좋은 제품이 된다면 이건 블루오션이지요. 우선 한두 개의 부품만이라도 시도해보기로 했어요.

친분이 쌓인 숙련된 기술자와 그 부분을 상의했어요. 하지만 소귀에 경 읽기였죠. 해오던 방식을 고집할 뿐 좀처럼 바꾸려 들지 않습니다. 흔히 말하는 '기름밥 곤조'였지요. 현장 용어로 남아 있는 일본말 '곤조'는 근성입니다. 여간해서 바꾸려 들지 않는 못된 심보 같은 것이죠. 우리 회사 기술자는 이대로도 잘 굴러가는데 뭐하러 골치를 썩느냐고 했어요. 저는 술 사줘가면서 생각을 바꿨어요. 그렇게 해서 성능이 훨씬 뛰어난 금형 제품으로 납품하게 되었습니다. 거래처에서는 대대적인 물량 주문으로 보답했고요.

그러다보니 어느새 우리 회사가 영등포 일대에서 제일 많은 수주를 받고 있었어요. 사장이 극찬을 하더군요. 그러면서 월급을 두 배로 올려주는 거였어요. 영업사원이 된 지 6개월 만이었죠. 이제는 영업 가서 쭈뼛거리지도 않고 적극적으로 권하고, 거래처의 고충을 하나둘씩 해결해주면서 영업망을 넓혀갔지요. 그사이 월급은 한 달이 멀다고 올라서 대기업 사원 수준이 됐습니다.

어느 날은 경쟁사 대표한테서 스카우트 제안이 들어왔습니다. 아파트 한 채를 제공하고 월급도 직급도 대폭 올려주겠다고요. 저는 그저 웃기만 하고 응하지 않았어요. 당장 버는 돈이 문제가 아니잖아요. 아직도 더 터득해야 할 기술과 영업 노하우가 있었으니까. 우선 먹는 달콤한 사탕보다 미래에 거둘 화수분이 더 중요하지요. 오랜 꿈인 창업을 하려면 말이죠.

남들 다 가는 길에는 돈이 없다

■ 회사에서는 제가 중소기업진흥공단의 교육 프로그램을 이수하도록 배려했습니다. 우수사원만 갈 수 있는 특혜였지요. 저는 거기서 자연스럽게 소규모 창업 노하우를 배울 수 있었어요. 강사로 온 교수들과 만나 상담도 하고 최신 논문도 접했고요. 일본이나 독일 같은 제조업 선진국의 히든챔피언 기업들에 관한 정보도 얻어들었어요. 임금 따먹기에 급급한 경영이 아니라 R&D를 통한 선진기술 확보의 중요성도 절감했습니다.

회사에 업무 복귀해서 사장에게 제가 느낀 것들을 제안했습니다. 그간 모은 자료와 제 생각을 담은 메모를 보여주며, 주먹구구식 경영 말고 시스템 경영이 필요하다고 했어요. R&D 같은 건 얘기도 못 꺼냈고요. 사장은 저보고 회사 경영에 대해서 뭘 안다고 시스템 경영 타령이냐며, 지금 이대로도 일거리가 밀려들어서 대주지 못할 정도인데 쓸데없는 걱정 붙들어 매고 하던 일이나 잘하라더군요. 변화를 꾀하려고 하지 않았어요. 지금 최고의 매출을 올리고 있는데 굳이 다른 전략을 구사할 필요성을 느끼지 못했던 거죠. 하지만 그건 옛날 경영 방식이었습니다. 제조업 분야는 그때 이미 글로벌 경쟁 구조로 바뀌고 있었으니까요. 세계시장에서 살아남으려면 기술 선진국 상품과 겨뤄 경쟁력이 있어야 해요.

저는 우리 회사의 전망이 밝지 않다고 판단했어요. 그래서 깊은 고민에 빠졌지요. 시스템 경영 방식 도입도 문제지만 R&D 없이 주문생산만 해주는 회사에 무슨 미래가 있겠는가. 며칠간 더 고민하다가 사장에게 다시 한 번 제안했어요. 역시 받아들여지지 않았어요.

그래서 사표를 냈습니다. 그리고 작은 봉고트럭 한 대를 구입했습니다. 낡은 중고차였죠. 그걸 몰고 다니며 기존 거래처가 아닌 새로운 거래처를 뚫어볼 참이었습니다. 처음부터 다시 시작해야 하는 어려움이 있었지만 그게 올바른 상도商道지요. 돈이 없으니 몇 칸짜리 공장은커녕 작은 사무실 하나 얻을 수가 없었어요. 이가 없으면 잇몸이라고 그간 쌓은 신용을 바탕으로 다른 업체 시설을 활용하기로 했어요. 열처리 재료만 확보할 수 있다면 그걸 다른 공장에 맡겨서 얼마든지 돈벌이가 가능했지요. 돈이 모이면 그때 가서 사무실도 얻고 공장도 차릴 작정이었습니다.

그렇게 어설픈 창업 준비를 하느라 분주한데 영업이사가 집으로 찾아와 제발 다시 돌아와달라고 통사정을 하더라고요. 거절했더니 아예 집 앞에 진을 치다시피 하더라고요. 매일같이 찾아와, 나를 못 데려가면 자기 목이 잘린다고 엄살을 떨었어요. 시스템 경영 방식도 도입하고 연구개발도 할 테니 복귀하라고 구슬렸어요. 이렇게까지 나오는데 더 버틸 수가 없어서 업무에 복귀했지요. 봉고트럭은 회사에서 인수해주었고요. 처음에는 좀 변하는 것 같더니 불과 한 달도 지나지 않아서 슬그머니 예전 방식으로 돌아가더군요. 특히 당장 실적이 나지 않는 R&D는 시늉뿐이었고요. R&D를 제대로 하려면 연구 전담 인력이 있어야 하는데 생산기술자가 병행하다보니 연구하고 개발할 짬이 나지 않았던 거죠. 회사가 작으니까 한 사람이라도 전담시키면 좋으련만 사장은 그걸 인력 낭비로 보는 것 같았어요. 이래서 어느 세월에 신기술을 확보하겠는가. 회의적이었지요.

그때 미련 없이 회사를 나왔습니다. 단지 직장을 잡고 밥 먹고 살려고 서울에 올라와 기름밥 먹어가며 영업까지 뛴 건 아니었잖습니까. 그럴 것 같았으면 대전에서 교사를 했겠죠. 창업을 하려고 열처리 회사로 뛰어든 거였거든요.

사실 저는 첫 직장에서 기술과 영업을 배우고 임원을 한 다음에 창업할 생각이었어요. 그래야 실패가 적지요. 돈 좀 있다고 어설프게 아는 걸로 창업했다가는 수업료만 내고 들어먹게 돼요. 솔직히 그때는 창업 준비가 안 됐던 겁니다. 그런데 불가피하게 계획을 수정해야 할 판이 된 거지요. 아직 설익었지만 내 길을 개척하라는 뜻이라고 여기고 본격적으로 매달렸습니다. 문제는 돈이었죠. 공장을 차릴 돈도 사무실을 낼 돈도 없었어요.

■ 창업자금도 없었다면서 이제 겨우 초보기술 배우고 영업 좀 익혔다고 어떻게 창업할 생각을 했습니까? 너무 무모했던 거 아닌가요?

■ 공장과 사무실 없이도 창업할 수 있는 노하우가 있었으니까 했지요. 열처리 회사 업무라는 게 거래처에서 물량을 수주 받아다가 제때에 열처리해서 납품하는 거거든요. 잘 생각해봐요. 물량만 확보할 수 있다면 사무실 같은 건 필요가 없어요. 열처리는 아는 공장에다가 이윤 붙여서 맡기면 그만이고요. 열처리 끝나면 거래처에 갖다주고 돈 받으면 되는 거잖아요. 문제는 신용이지 돈도 사무실도 공장도 아니지요. 신용과 영업은 돈이 아니라 내 마음과 몸으로 하는 거잖아요. 영업용 트럭 한 대랑 명함만 있으면 돈 벌 수 있는 거지요.

■ 정말 그렇군요. 전에 누가 그렇게 하는 사람이 있던가요?

■ 아뇨. 궁하면 통한다고 제가 발로 뛰며 현장에서 찾아낸 틈새시장이지요. 그 당시에 미국 같은 선진국에서 인터넷이 발달하면서 소호 SOHO(Small Office Home Office) 산업이라는 게 생겨났어요. 소프트웨어 프로그래머나 통신판매업자가 컴퓨터 몇 대만으로 대

76

기업과 계약을 맺고 집에서 일하는 거죠. 그걸 열처리 업종에 적용했어요. 제조를 유통화한 셈입니다. 그랬더니 소호산업 방식으로 창업할 여지가 생긴 것이죠.

■ 기발한 발상이로군요. 그렇게 해서 남들이 안 간 길을 뚫은 거네요. 남들이 뚫어놓은 길로 가지 말고 자기가 주도적으로 뚫어보라, 계속 촉을 세우고 멀리 보라······

■ 제 말이 그겁니다. 남들 다 가는 길에는 경쟁만 치열하지 돈이 없다, 남들이 가지 않는 길을 택하고 현장에서 땀을 흘려봐라. 확신은 경험과 꿈이 결합할 때 나옵니다. 기발한 발상, 창조적인 발상은 발이 현장에 있고 머리가 미래를 겨냥할 때 튀어나온단 말씀이죠.
'주도적으로 일하다보면 틈새가 보인다. 미래가치를 겨냥해보고 확신이 서면 과감하게 창업해라. 여건이 갖춰지지 않았다고 미루지 마라. 그러면 다른 누군가가 그걸 낚아채가고 만다. 그것만 지키면 도저히 실패할 수 없는 지름길을 달리며 성공을 쟁취할 수 있다.'
여기에 마지막 요건 하나가 더 있어요. 바로 협력자입니다. 제 경우에는 아내가 최고의 협력자였어요. 아니, 공동 창업자라고 해야겠군요. 아내가 없었다면 창업자금도 마련할 수 없었고 마음

편히 회사도 운영할 수 없었습니다. 지금처럼 중견기업으로 성장 시킬 수도 없었고요.

■ 드디어 창업 이야기로 들어갑니다. 사업을 처음으로 시작하는 게 창업이 지만 나라나 왕조를 세우는 것도 창업입니다. 그만큼 의미가 큰 말입니다. 저 같은 인문학자도 '創業'이라고 한자로 써놓고 보면 가슴이 뜁니다. 뭐든 맨 처음 창시한다는 그 자체만으로도 설레는데 세상에, 예술작품도 아니고 업業을 창시하다니요! 창업은 하나의 세계를 만드는 일입니다. 작 든 크든 창업자가 만든 세계에 기대 한 가족, 한 회사 공동체가 먹고삽니 다. 회장님이 창업한 알루코그룹도 국내외에 사원이 수천 명이고, 가족구 성원은 수만 명입니다. 28년 전에 1인 창업으로 시작했던 일이 어마어마 하게 가지를 친 겁니다. 무얼 할지 막막하기만 한 사람들, 겨우 한 가족 먹고살기에도 일자리가 불안정한 사람들한테는 꿈같은 일입니다.

■ 그래서 창업하는 겁니다. 막막하고 불안정하니까 스스로 나서서 확실한 일자리를 만드는 거예요. 그런 자리는 쉽게 얻어지지 않 습니다. 우선 다른 사람이 만들어놓은 데 가서 노하우를 배우면 서 때를 노려야 해요. 그러다보면 좋은 기회가 와요. 돈이 없어도 괜찮습니다. 그때 제가 스물여덟 살이었는데, 1988년 말이었어 요. 제 인생 최대의 결단의 순간이었지요. 아까 말했다시피 돈 없 이 창업했습니다. 주로 영업을 뛰고, 남의 공장을 써야 해서 12인

승 승합차를 할부로 구입했습니다. 창업자금 문제는 아내와 상의했습니다. 그나마 행운인 것이 아내가 저랑 꿈을 공유하는 동지였던 거지요.

아내가 언니한테 돈을 빌리자고, 전당포에 패물도 맡기고 하자고 했는데 그 돈으로는 작은 사무실 얻기도 힘들었어요. 그 길로 금산 본가로 내려갔지요. 인삼 장사가 제법 잘돼서 여윳돈이 일이천 정도는 있었습니다. 그걸 돌려쓸 수 있다면 딱 좋았죠. 부모님에게 도와달라고 했어요. 지금까지 배운 기술도 상세히 알려드리고 포부도 밝히고…… 창업자금을 지원해주면 사업을 시작해서 갚아드리고 동생들 뒷바라지도 하겠노라고요. 진심이었어요. 아내나 저나 대가족에서 자라서 식구들 건사하는 걸 당연하게 생각했으니까.

"싫다. 사업은 아무나 한다더냐? 들어먹기 십상이다. 네 밑으로 어린것들이 몇이나 되는데 살림 밑천을 달라는 거냐. 잘될지 안될지도 모르는데…… 애들 가르치고 우리도 다 늙어서 아껴 써야 해."

지금 생각하면 지당하신 말씀이지만 당시에는 어찌나 섭섭했던지…… 장남이라고 의무만 지워줬지 제대로 밀어주지도 않으셨으니까. 아니, 믿어주지 않았다는 말이 맞지요. 두말없이 돌아왔어요. 어디서 돈을 구할지 막막했지요. 생각할수록 부모님이 야속하더라고요.

그때 아내가 어른들 원망 말라며 종잣돈 600만 원을 내밀더라고요. 우리 힘으로 시작하면 추억거리도 생기고 좋다며 오히려 위로를 하면서. 막 돌 지난 딸애 키우고 살림하면서 그사이 그 돈을 만든 거예요. 어떻게 만든 돈인지 아니까 눈물이 다 나더라고요.

그렇게 그 돈 600만 원으로 창업을 한 겁니다. 사무실을 내려고 다녀봤는데 그 돈에서 쪼개서 얻으려니 어림 반 푼어치도 없더라고요. 그래서 사무실이니 공장이니 우선은 포기하고 집에서 일하기로 했어요. 제조업이니까 당연히 공장이 있어야 했지만 돈이 있어야 말이죠. 당장은 영업으로 기반을 잡기로 했습니다.

그러자면 전화는 필수였지요. 지금처럼 휴대전화도 없었고 유선전화기만 있었는데 전화기도 통신료도 엄청 비쌌어요. 전화 놓을 엄두도 못 냈죠. 전화를 주문해도 6개월이나 1년을 기다려야 나왔고요. 마침 윗집에 전화가 있었는데, 아내가 성격이 좋아 윗집하고 잘 지냈거든요. 그 집 전화를 쓰기로 했어요. 명함을 박자면 주소도 필요했죠. 열처리 회사 주소를 차마 살림집으로 쓰는 다세대 주택으로 할 수는 없잖습니까. 인천에서 공장하는 선배한테 부탁해서 그 주소를 쓰기로 했습니다. 회사 이름은 미리 생각해둔 게 있었어요. '장안종합열처리회사'. 서울 장안을 주름잡는 일등 열처리 회사가 되겠다고요. 사훈은 '신의, 성실, 기술개발'로 정했습니다. 선배 회사 한쪽에 간판도 작게 걸고 법무사를 통해서 창

업 절차도 밟았습니다. 사업자등록증도 발급받고. 이렇게 창업한
거죠.

■ 무슨 그런 창업이 다 있습니까? 뭘 믿고 그렇게 무모하게…… 너무 '무데
뽀無鐵砲' 아닌가요? 잘되면 좋고 안 돼도 별로 잃을 게 없다는? 회장님
연애 이야기도 그렇지만 창업 이야기도 듣고 보니 꼭 돈키호테 같습니다.

> 이룰 수 없는 꿈을 꾸고
>
> 이루어질 수 없는 사랑을 하고
>
> 싸워 이길 수 없는 적과 싸움을 하고
>
> 견딜 수 없는 고통을 견디며
>
> 잡을 수 없는 저 하늘의 별을 잡아라.

세르반테스Miguel de Cervantes 소설 《돈키호테Don Quixote》를 원작으로 만든
뮤지컬 〈라만차의 사나이〉 노래 가사입니다. 회장님 성공이 혹시 요행이
아닌가요?

■ 요행이라니! 저는 지금껏 복권 한 장 사보지 않은 사람입니다. 땀
한 방울 한 방울이 뭉쳐야 결과가 나오는 제조업에 어떻게 우연
한 성공이 있겠습니까? 남들이 밖에서 대충 보니 무모해 보이고
요행이 아닌가 싶은 거지, 현장이 얼마나 치열한데요. 거기서 살

아남은 사람은 생각보다 치밀합니다. 김소장이라면 어떤 중요한 프로젝트를 하는데 리스크가 단 1퍼센트라도 눈에 보인다면 그걸 무시하고 하겠습니까? 아마 처음부터 피해 갈 겁니다. 창업자들은 현장 경험이 있으니까 100퍼센트 된다는 확신이 있어서 그때를 놓치지 않으려고 저돌적으로 밀어붙이는 겁니다. 성공이 눈에 환히 보이니 자신감이 생기는 것이죠. 그전까지 백 번 천 번도 더 재고 두드려봅니다.

예나 지금이나 제조업은 대개 작고 어설프게 시작해서 기적 같은 성공을 만든 겁니다. 현대그룹 정주영 회장이 현대조선을 세울 때 일화 알잖습니까? 모래밖에 없는 미포해변 사진 한 장이랑 거북선이 그려진 500원짜리 지폐 한 장을 선주하고 영국 은행장한테 보여주면서 설득하잖아요. 수백 년 전에 이런 철갑선을 만들고 왜군을 물리친 민족의 후예이니 믿고 맡겨달라고요. 정회장은 배짱만 두둑했던 게 아니라 머릿속에 청사진이 있었던 겁니다. 현대조선소가 세계 최대 조선소가 됐잖아요. 포항제철을 창업한 박태준 회장이 영일만에 제철소를 세운 뒷얘기도 무모하기는 마찬가지고요. 빌 게이츠도 작은 여관에서 마이크로소프트Microsoft를 창업했다고 하고, 스물네 살에 창업한 일론 머스크Elon Musk는 또얼마나 엉뚱합니까? 지구상에서 가장 먼저 미래에 도착한 남자라잖아요.

창업자 DNA가 따로 있나

■ 창업자 DNA가 따로 있다는 걸 말하고 싶은 겁니까?

■ 그런 건 없습니다. 아무것도 없이 시작해서 점점 성공이 쌓이다 보면 누구한테나 생기는 게 아닐까요. 성공 습관이 무슨 법칙처럼 몸에 배는 겁니다. 창업자 DNA는 선천적인 게 아니라 후천적이라는 얘기입니다. 현장에 파고들어가서 기술을 익히고 노하우를 쌓고, 그러다보면 통찰이라는 게 생깁니다. 성공하는 길이 보입니다.

■ 성취인의 심리가 커지면서 유전자 같은 걸로 내재화되는 거겠지요. 형식이 내용을 규정합니다. 그걸 '창업자 DNA'라고 할 수 있겠는데, 2세나 3세에게 유전되는 게 아니니까 유전자는 아닙니다. 창업자의 사업을 이어받은 2세나 3세는 창업이 아니라 수성守成인 거죠.

■ 창업자 DNA 같은 게 생기면 안목이 달라져요. 전에 안 보이던 것들이 한눈에 들어옵니다. 대부분 돈 버는 일이지만 특유의 눈썰미랄까, 직관 같은 게 생겨요. 분명한 건 성공한 기업가나 정치인, 장군 들은 에너지가 남다르다는 겁니다. 지칠 줄을 몰라요. 성공 의지가 강하니까 거기서 에너지가 나오는 겁니다.

■ 그 에너지를 밑천 삼아 도전하고 숱한 위험을 극복하고 최고의 자리에 올랐겠지요. 저는 서른 즈음부터 재벌 총수를 포함해 창업가를 여럿 만나왔습니다. 회장님 말씀대로 저도 그분들한테서 에너지가 넘치는 걸 느꼈습니다. 시운時運도 중요시하지요. 회장들은 '운칠기삼運七技三'이라는 말을 자주 하더군요. 노력보다 운이 따라야 큰돈을 번다는 것이었습니다. 작은 부富는 노력으로 가능하지만 큰 부는 하늘이 낸다는 말이겠지요. 일찍이 마키아벨리Niccolo Machiavelli도 지도자가 지녀야 할 덕목으로 비르투virtu(역량), 포르투나fortuna(운), 네체시타necessita(시대정신)를 들었습니다. 네체시타와 포르투나를 합친 게 시운입니다. 그런데 회장님은 시운보다 노력을 더 중시합니다. 그런 창업관은 재벌 방식이 아니라 민주시민 방식 같습니다.

■ 제 창업관이 민주시민 방식 같다니까 반갑습니다. 저는 재벌도 못되고 이제 겨우 기업 모양새를 갖춘 사업가입니다. 지금껏 돈 자체를 추구한 적이 한 번도 없어요. 사업을 열심히 하다보니 돈이 좀 붙은 셈입니다. 또 시운보다 땀을 믿고 인화人和의 힘을 믿

습니다. 제가 특히 R&D에 주력하는데 그것도 결국은 땀입니다. 저도 모르게 시운이 맞아떨어졌는지는 모르지만 운세 같은 걸 보지는 않아요. 군대 시절에 딱 한 번 점을 본 적이 있는데 그게 전부예요.

큰돈이 없고 학벌이나 스펙이 변변찮아도 얼마든지 창업할 수 있습니다. 시장에서 통하는 확실한 기술, 영업 노하우, 신용만 있으면 됩니다. 저더러 돈키호테 같다고 하시는데, 저는 그때 이 세 가지를 다 갖추고 있었다고 봐야죠. 거래처를 넓혀가면서 수시로 교수들이 주최하는 열처리공학회 같은 델 나가서 업계 최신 정보도 얻어듣고 동향도 파악하고…… 그것 때문에 자신감을 얻은 겁니다.

제가 다니던 열처리 회사 영업망을 가로채고 싶지 않아서 경기도 변두리나 충북 충주, 음성 일대를 개척했어요. 혼자서 맺고 지킨 '신사협정' 같은 거였는데, 그러기를 참 잘했다 싶습니다. 당시에도 서울·경기 중심부는 공장 부지나 임대료가 비쌌습니다. 그래서 서울·경기하고 가까운 지방에 농공단지를 조성하는 게 붐이었어요. 평택은 물론이고 충주·증평·괴산·조치원·음성 같은 데 막 공장이 들어서기 시작했지요. 그 공장들을 찾아다녔어요. 자세히 들여다보니까 지방에 새로 생긴 농공단지는 부지는 넓은데 자재 유통이 원활하지 못하더라고요. 업체별로 회사 차로 매일같이 서울에서 금속 자재들이나 볼트, 너트 같은 소모품들을 열처리해서 실어 나르고 있었습니다. 영세한 신생업체가 적은 양의 부품을 유통하는 것까지 담당해야 하니까 물류비를 줄일 수가 없었어요.

바로 이거다 싶었어요. 서로 가까운 업체들을 돌면서 부품을 주문받아서 한꺼번에 열처리해서 갖다주면 됩니다. 그러면 각 업체들은 유통 비용을 절반 이하로 줄일 수 있고 저는 거래처가 느니까 수입이 많아지죠. 서로 윈-윈win-win 전략이잖아요.

예상이 맞았어요. 지방 농공단지 업체들하고 제 계산이 맞아떨어졌지요. 서울에서 부품 한 개당 열처리 비용 2,000원짜리를 3,000원 받고 갖다줘도 업주들은 불만이 없었어요. 예전 물류비와 비교하면 비용은 저렴하고 열처리 성능은 더 뛰어났으니까요. 최고의 열처리 회사에서 R&D를 병행하며 해다 줬으니까. 또 어떤 일이 있어도 납기일은 절대 어기지 않았습니다. 그때 업계에 '신용 있는 젊은 사장'이라는 평이 돌았어요. 금세 주문이 쏟아져 들어왔지요. 도저히 혼자서 감당할 수가 없어서 공고를 갓 졸업한 사원 한 명을 채용했습니다. 그 직원한테 열처리 업무 보조를 맡기고 저는 영업에 더 집중했지요. 아내는 집에서 거래처 전화주문을 받으면서 경리 업무를 했고요.

이때 마음 아픈 에피소드 하나가 있습니다. 아내가 거래처에서 온 전화를 받는데, 딸아이가 갑자기 빽빽 울더랍니다. 막 돌이 지 났을 때였어요. 아내는 전화를 끊고 그 어린것을 때렸답니다. 전 화 오면 조용히 좀 하라고. 그 말을 바로 알아들으면 어린애가 아 니죠. 그런데 우리 딸이 딱 한 번 야단을 맞더니 그다음부터는 안 울더라는 거예요. 울다가도 전화벨만 울리면 그 어린것이 알아서 쉿, 하면서 자기 입을 틀어막더래요. 그걸 보면서 아내가 얼마나 마음이 아팠겠습니까. 애가 우는 것도 자라는 과정인데 너무 심 하게 야단을 쳐서 저러나 싶어서. 어느 엄마가 눈물이 안 나고 배 깁니까? 밤에 집에 와서 그 얘기를 듣는데…… 아빠가 돼가지고 애를 맘껏 울지도 못하게 하고…… 꼭 성공해야겠다 싶었지요. 아빠들은 다들 그럴 거예요. 애들 잠든 거 보면 피곤했던 게 싹 사라지잖아요.

■ 기존 거래처를 낚아채지 않고 스스로 신사협정을 맺으면서 말하자면 '개 척정신'을 발휘하신 건데요, 요새도 그런 사람들이 있을까 싶습니다. 기 대지 않고 홀로 선 모습이 당당하고 멋지십니다. 회장님 말씀처럼 역시 현장에 답이 있습니다. 저도 신문사에서 문화전문 프리랜서 기자를 하면 서 실감했습니다. 좋은 기사나 특종은 현장을 파고들 때 나왔거든요. 마 감을 코앞에 두고 기사가 안 풀릴 때가 있는데, 그때도 현장에 가면 실마 리가 잡혔습니다. 현장은 빠르고 정확했습니다.

■ 잘 보셨어요. 독자가 공감하는 글을 쓰시려면 꼭 그 현장정신을 붙드세요. 제 성공의 열쇠 가운데 하나가 바로 현장입니다. 다른 하나는 공동 창업자인 아내의 협력이고 나머지 하나는 연구개발 이죠.

■ 언제나 사모님의 공덕을 잊지 않으시는군요. 사람이 태어난 연월일시로 길흉화복을 가늠하는 명리학命理學에서는 처복과 재복이 같은 자리라고 해요. 여성의 경우는 남편복과 재복이 같은 것이 되겠죠. 매우 일리 있다고 봐요. 바꿔 말하자면 사랑이 곧 돈인 거죠. 사랑은 모든 것을 다 바쳐도 지겹지 않은 잔치라고 하던가요?

■ 사랑이 곧 돈은 아니겠지만 결혼을 빨리하면 돈이 모이는 건 확실해요. 그러니 돈이 없어서 결혼 못하겠다고 하지 말고 돈이 없으니 결혼하겠다고 역발상을 할 필요가 있어요. 다 갖춰진 짝을 찾기보다 서로 부족한 부분을 채워주는 만남이 좋은 겁니다. 특히 부족한 살림살이로 시작해서 재산을 늘려갈 때의 그 재미는 무엇과도 맞바꿀 수 없어요.
이 대목에서 아내의 경험담을 이야기해주죠. 결국 제 얘기지만요. 꿈을 공유하게 되니 그토록 미웠던 상대가 소중해지더랍니다. 상대의 단점이 매력으로 보일 때 참사랑이 시작된다나? 왜소하고 가난하던 저와 꿈을 공유했더니 그 순간부터 제가 거인처럼 커 보였던 겁니다. '저 작은 사람이 어쩜 저리도 한결같고 대범한 꿈을 품고 있을까. 다이아몬드 같은 저 강단이면 뭐가 돼도 될 거야.' 그 순간 진지하게 만나보고 싶어졌고 대화가 깊어지다보니 매력이 한두 가지가 아니더라는 것이죠.

제 자랑하자는 게 아닙니다. 어쭙잖게 사랑 타령하는 것도 아니고요. 청춘은 만남입니다. 햇살 가득한 동산의 봄나무답게 드넓은 대지를 향해 맘껏 가지 쳐가야 해요. 비바람마저도 거침없이 맞닥뜨리고 흡수해야 하고요. 그런 왕성한 만남이 없는 청춘은 시든 잎을 떨어뜨리는 가을나무나 다름없어요. 애늙은이인 거지요. 그래서 어디 청년이라고 할 수 있나요?

'느낌이 오면 대시해라. 무조건 만나라. 형편이 어렵거나 변변한 직업이 없다고 만남 자체를 포기해선 안 된다. 사랑이나 사업이나 빈번히 만나서 부딪쳐봐야 일을 낸다.' 제가 청년들에게 해주고픈 말입니다.

■ 중세 프랑스 외방선교단 소속의 한 수도사와 수녀가 베트남 밀림 속 마을에 파송됩니다. 그랬다가 시민혁명이 일어나 조국에서 잊혀집니다. 그들은 원주민들과 섞여 노동하면서 자연스럽게 남녀 간의 사랑에 눈을 뜨게 되지요. 금기를 넘어선 겁니다. 대자연 속에서 유럽인의 요소라곤 찾아볼 수 없을 정도로 완벽하게 원주민화된 둘의 사랑은 그들을 제거하려고 들이닥친 베트남 군인들마저도 건드리지 못합니다. 두 사람이 숲속에서 한

노동과 사랑은 곧 구원입니다. 더 이상 종교도 나라도 이념도 돈도 필요
치 않았지요.

사랑과 노동! 이 말처럼 완전한 조합체가 있을까요? 확실한 낙원의 약속
입니다. 사랑과 노동에는 종교나 국경, 이념을 녹여내는 마법의 힘이 있
는 것 같습니다.

지금 우리에게는 숲도 있고 노동도 있고 사랑도 있습니다. 종교도 있고
나라도 있고 이념도 있고 돈도 있습니다. 그런데 더 이상 행복하지 않습
니다. 구원도 멀기만 합니다. 이른바 희망난민들로 넘쳐납니다. 무엇이
이렇게 만든 것일까요?

■ 그때 그들은 대자연 속에서 노동과 사랑의 가치를 최우선으로 두
고 살았지만 지금 우리는 다르잖아요. 대다수가 숲을 버리고 도
시에서 살고 있어요. 사랑은 계약이나 유희 정도로 여기고 노동
은 신분 낮은 사람들이나 하는 걸로 생각하잖습니까? 오직 돈만
숭배하면서요.

도시에서 살려면 많은 돈이 필요합니다. 그래서 사랑도 돈벌이
수단으로 보지요. 현장에서 애써 땀 흘려 일하는 사람보다 머리
굴리거나 돈놀이하는 사람들이 돈을 더 많이 버는 구조에서는 노
동이 천시될 수밖에 없습니다. 사랑도 노동도 숭고한 겁니다. 돈
은 노동의 대가라야 정당한 거지요. 돈이 신분을 결정하는 게 아
니라 땀이 결정하는 사회가 돼야 건강해져요.

■ 최근 한 언론사의 조사에 따르면 결혼은 안 해도 그만이라고 생각하는 부류가 61퍼센트나 된다고 합니다. 그 이유로 경제적 부담을 꼽았지요. 이해는 됩니다만 돈이 없어서 결혼할 수 없었다면 인류는 진작 멸종했을 겁니다. 문명사를 통틀어보면 과거는 지금보다 열악했고 가난했어요. 흔히 옛날이 좋았다고 넋두리를 하지만 아마 그 옛날로 돌려보내면 대부분 금방 되돌아올걸요? 인류는 어려운 시절을 거쳐서 오늘 이렇게 풍요로워졌습니다. 회장님 말씀처럼 돈이 없어서 결혼 못하겠다고 하지 말고 돈이 없으니 결혼하겠다는 역발상이 필요한 시점입니다.

우리보다 한 세대 앞서서 여러 사회증후군을 보여주는 일본에서는 결혼하지 못한 30~40대 독신자를 '마케이누負け犬(싸움에서 진 개)'라고 비하하더군요. 젊어서는 독신귀족으로 살다가 나이 들면서 빈곤층으로 추락해서 사회 문제가 되는 거죠. 그래서 남성이 많이 벌면 여성이 집안일을 돌보고. 여성이 많이 벌면 남성이 집안일을 돌보는 형태의 가족관을 자연스럽게 수용해야 해요. 양성평등 사회의 바람직한 현상으로요.

문제는 집인 거 같습니다. 전세건 월세건 신혼부부가 감당하기에는 너무 비싸요. 정부가 미래 세대의 주택 문제 하나 속 시원히 해결하지 못하고 무슨 결혼과 출산 장려지요? 일하고 싶어도 일자리가 없는 무업無業사회는 혼자 살다가 혼자 죽는 무연無緣사회를 부를 뿐입니다.

■ 그래요. 국민주택 가격이 싸져야 옳죠. 우리 그룹은 알루미늄으로 값싼 조립식 주택을 개발하려고 연구 중입니다. 왜 콘크리트

로 닭장 같은 집만 짓고 얼마 못 가서 산업쓰레기를 만들어대는 거죠? 알루미늄으로 집을 지으면 오래가고 나중에도 100퍼센트 재활용이 가능합니다. 텐트나 방갈로처럼 얼마든지 이동도 가능하고요.

집 문제도 일자리 문제도 이제는 더 미룰 수 없어요. 김소장님과의 이 대화가 작은 불씨가 되었으면 좋겠네요. 청년들도 누가 해주겠지 기다리지만 말고 보다 적극적으로 일자리를 찾아다녀야 합니다. 남들 다 선호하는 직장만 구하려고 하니 어렵지, 찾아보면 괜찮은 직장이 많습니다. 저는 무엇보다도 그걸 말해주고 싶어요. 제가 배운 열처리는 금속의 조직을 바꾸는 일입니다. 금속은 열을 쬐고서 조직이 바뀌듯 사람은 학습과 일과 관계 속에서 자신의 자질을 연마하고 업그레이드하죠. 그사이 열 받는 일도 많이 겪겠지요. 가족과 동료들에게 속내를 터놓고 교감하며 그 열을 식히면 됩니다. 적당히 취미생활을 하면서요. 그런 반복을 통해서 사람은 성숙해갑니다. 그리고 마침내 인격을 인정받게 되지요.

평강공주는 많은데 바보 온달이 없다

■ 이 이야기를 시작하기 전에 몇 가지 선을 그었었습니다. 그중 하나가 환경은 개선하지 않고 노동만 강요하거나 큰 꿈을 꾸라고 부추기지 말자는 겁니다. 한국의 청년실업률이 12퍼센트를 넘어섰잖습니까? '실업세대 generation jobless'라는 말까지 생겨났고요. 유럽연합은 더 높아서 이미 20퍼센트를 넘어선 나라가 많습니다. 한국은 이제 시작입니다. 베이비부머 세대까지만 해도 명문대를 졸업하면 출세가 보장됐지만 그런 호시절은 다 지나가버렸습니다. 이 판국에 무슨 꿈을 꾸고 누구와 협력한단 말씀입니까?

■ 그러니까 혼자 가지 말고 함께 가야 합니다. 눈높이를 낮추고 바닥부터 시작해야 합니다. 솔직하게 현재의 처지를 말하고 실현 가능한 계획을 터놓는 겁니다. 이러이러한 점이 부족한데 함께 채워나가자고 해야죠.

■ 꿈을 공유하게끔 공작하라는 말씀 같습니다.

■ 꿈을 파는 게 무슨 죄가 됩니까. 사업은 만남입니다. 소중한 만남이 있어야 창업이 가능합니다. 제 경우는 부부의 만남이 창업으로 이어졌지만 상대가 친구도 될 수 있고 선후배도 될 수 있습니다. 중요한 건 신뢰고 상호보완적 협업입니다.

부부는 여간해서 공을 다투지 않습니다. 부부가 공동 창업한 경우가 아니더라도 사업가의 내조와 외조는 성공의 필수조건 같습니다. 아내가 내조할 수도 있고 남편이 외조할 수도 있고요.

■ 회장님 연애 이야기를 들어보니 꼭 바보 온달과 평강공주 이야기 같았습니다. 평강공주가 가난하고 우직한 청년을 번듯한 중견기업가로 키워낸 이야기라 하겠습니다. 둘러보면 이 시대에도 평강공주는 널렸습니다. 여성이 대학 진학과 각종 고시에서 남성보다 뛰어난 성과를 보인 지 오래지요. 사회참여가 확대되고 능력 발휘가 되면서 좋은 스펙과 직장을 가진 여성 전문가들이 넘쳐납니다. 당연히 눈이 높을 수밖에요. 웬만한 남자는 거들떠보지도 않습니다. 못난 남자 들여서 고생하니 혼자 사는 편이 낫다고 생각합니다. 그러다 혼기가 다 찼거나 놓친 여성들도 부지기수고요. 이런 여성들은 대부분 얼마쯤 신랑감을 찾아보다가 더 안 찾아지면 과감히 미련을 접습니다. 뒤늦게라도 편한 남자를 만나면 집안일을 맡기고 본인이 돈을 벌어오기도 합니다. 가부장적인 전통사회가 기울고 가모장 시대가 열렸다고 봐야 합니다. 결혼식장에 여성 주례도 등장했습니다. 한국 여인들 정말 위대합니다. 장담하건대 아마 사회에 진출하는 여성이 50퍼

센트만 돼도 대한민국 경제가 다시 불붙을 겁니다.

■ 남자가 무능해도 큰소리치고 살던 호시절 다 갔습니다. 여성이 생계를 책임지는 비율이 30퍼센트가 다 된다는 통계도 있더군요. 능력 있는 골드미스가 연하남을 돌보면서 성공시켜줄 의향도 있다고 합니다. 현대판 평강공주들이지요. 정말 우리 주변을 둘러보면 평강공주는 넘쳐나는데 정작 바보 온달은 없는 것 같습니다. 어쩌다 제가 바보 온달이 돼버렸는데, 그리 싫지는 않네요.

■ 바보였던 총각이 평강공주를 만나 결혼하고 어엿한 장군이 됩니다. 옛날의 장군은 오늘날로 치면 기업가가 아니겠습니까? 옛날에는 영토 싸움을 했지만 지금은 세계를 경제영토 삼아 전쟁하듯이 사업을 합니다. 대기업이 항공모함이라면 그 벤더로 함께 따라가는 중소기업들은 순양함, 구축함, 핵잠수함, 전투기나 마찬가지지요.
《삼국사기三國史記》 열전에는 온달이 바보로 나오지만 온달이 설마 바보였겠습니까? 신분차를 극복하고 결혼하다보니 드라마틱하게 과장한 측면이 있다고 봅니다. 온달은 아마 몰락한 양반 무인이거나 지방호족의 후예였을 겁니다.

■ 아, 양반이 뭐고 지방호족이 뭡니까. 저는 그런 것도 못되는 평민 출신입니다. 당연히 제 아내도 공주가 아닙니다. 저야 아내바보

딸바보니까 제 눈에는 둘 다 공주로 보이지만.

바보 온달 같은 청년이 그렇게 없는 것도 아닙니다. 지자체 단체장한테 들은 얘긴데 전라남도와 경상남도 쪽 바닷가나 섬마을에는 서울이나 광주, 부산, 창원 같은 대도시에서 살다가 귀어歸漁하는 청년이 많답니다. 전복이나 김 양식 같은 걸로 억대 연봉은 너끈히 번다더라고요. 부모들이 하던 일을 물려받는 경우가 많지요. 농촌에도 억대 매출을 올리는 청년 농부가 많이 늘었습니다. 도시 자영업자나 웬만한 대기업 사원보다 벌이도 생활도 좋아요. 그런데 그런 청년들한테 시집 올 여성이 없어서 걱정이지요. 동남아에서 신부를 데려오는 일도 예전 같지가 않다고 하고요. 서울 사는 평강공주, 지방 대도시 사는 평강공주가 농어촌으로 시집을 가면 진짜 공주 대접을 받고 살 텐데.

■ 그런 섬마을에 취재 가본 적이 있습니다. 마흔 살이 넘은 청년이 많았습니다. 수입이 도시 청년들보다 많아도 섬으로 시집 오겠다는 신붓감이 없어서 베트남에서 찾고 있었지요. 90년대까지 일본에서 농어촌 총각들이 우리나라에서 신붓감을 데려가지 않았습니까? 딱 그런 경웁니다. 그렇다면 평강공주는 많은데 바보 온달이 없는 게 아니라 그 반대가 되네요. 섬마을과 농촌에 온달은 많은데 평강공주가 없습니다. 우리나라 미혼남녀가 가장 선호하는 배우자 직업군이 공무원이랍니다. 그다음으로 전문직, 대기업 종사자, 교사…… 이렇게 됩니다. 자영업자나 창업가는 뒤로 밀리

고, 농어민 후계자는 아예 열외지요.

■ 안정적인 걸 선호하다보니까 그렇게 된 것 같아요. 9급 공무원 4,000여 명을 뽑는데 20만이 넘게 지원했다는 기사를 봤습니다. 분명 뭔가가 잘못됐어요. 잘못돼도 한참 잘못됐어요. 그러니까 우리나라가 이렇게 정체되지요. 젊은이들은 현실에 안주하지 말아야 합니다. 식상한 말 같지만, 노마드정신과 벤처정신으로 도전적인 삶을 살아야 세상이 나아집니다. 물론 사회 풍토부터 바꿔야겠지요. 창업했다 실패하면 신용불량자가 되고, 공무원 못하면 결혼도 못한다는 게 말이 됩니까?

■ 청년을 조롱에 가두고 길들이는 사회 구조부터 바꿔야 합니다. 그런데 그걸 누가 바꿉니까? 기득권층은 절대 스스로 바꾸려 들지 않습니다. 청년들이 쟁투해서 바꿔야 하는데 정작 청년들은 안정적인 삶을 바랍니다. 삶이 완벽하게 안정되는 걸 우리는 '죽음'이라고 합니다.

■ 아까 말했다시피 저는 안정적인 삶, 그렇고 그런 빤한 삶이 싫어서 교사직을 마다하고 이 일에 뛰어들었어요. 우리 식구들은 거의 죄다 제가 벌인 창업 현장에서 막노동이나 다름없는 일을 했습니다.
공장에서 짝을 만난 경우도 있습니다. 셋째 동생이 지금은 현대알루미늄 대표를 맡고 있는데 일찍부터 공장에서 일을 했어요. 그러다 공장 경리 일을 하던 여직원이랑 결혼했습니다. 아내가 애들 키우느라 잠깐 회사를 그만두고 집에서 살림만 할 때가 있었는데, 그때 후임을 직접 면접을 보고 뽑았어요. 키가 자그마하고 야무져 보이는 아가씨였는데 바로 눈에 들어왔답니다. 일을 시켜보니 똑 떨어졌습니다. 아내가 묵묵히 지켜보다가 그 여직원이 셋째 동서가 되면 좋겠다고 했지요. 동생들이 제 큰형수 말이라면 곧이곧대로 듣거든요. 그래서 셋째가 그 여직원이랑 연애하다가 결혼했습니다. 딸 둘 낳고 잘살아요.

선뜻 나서기가 두려워서 그렇지 현장에는 길이 많습니다. 돈도 많고 진국인 사람도 많아요. 땀은 정직하니까 가짜보다 진짜가 많을 수밖에요.

■ 프랑스 석학 자크 아탈리Jacques Attali의 책과 인터뷰 기사를 읽었는데, 한국이 이민정책을 써서라도 저출산 문제를 해결 못하면 개개인이 아무리 장밋빛 미래를 꿈꿔봐야 다 헛되다고 했습니다. 회장님이 지금의 흙수저 청년이라고 해도 첫눈에 반한 사랑에 올인하고 대책도 없이 결혼해서 아이를 낳으며 거친 현장에 뛰어들겠습니까?

■ 물론입니다. 아까도 말했지만 남들 다 가는 길에는 피 터지는 경쟁만 있지 돈이 없습니다. 결혼도 그렇고 애 낳는 것도 그렇지요.

뭣 모를 때, 마음에 꽂히면 그냥 저질러야지 이것저것 따지다보면 아무것도 못합니다. 집은 무슨 수로 마련하고 비싼 사교육비는 어떻게 감당하려고 그러냐고 물을 줄 압니다. 바로 그 대목을 국가 정책으로 보완해야지요. 시스템을 만들고 복지도 받쳐줘야지요. 국가 예산은 한계가 있으니까 기업도 좀 책임을 나눠야 합니다. 사회적 약자 돕기 프로그램 같은 걸 운영해야겠지요.

시민들도 마찬가집니다. 어려운 이웃을 주민들이 먼저 돌봐야 합니다. 그래야 인정이 싹트고 사회가 밝아집니다. 내 자식들에게 돈을 물려줘서 편히 살게 하려고만 하지 말고 살기 좋은 세상을 유산으로 물려줘야 오래갑니다. 그러려면 생활 속의 기부문화를 만들어서 금수저 흙수저 같은 말이 안 나오도록 해야지요.

많이 가진 사람만 기부해야 한다는 생각은 바꿔야 해요. 형편대로 하는 겁니다. 5,000원, 만 원을 내서 마을 일이나 주변의 사회적 약자를 돕는 일을 하는 겁니다. 여유 있는 층은 10만 원, 100만 원, 1,000만 원도 내고요. 그렇게 해서 국민적 기부문화가 자리 잡으면 공동체의식도 행복지수도 높아집니다. 우리 전통사회에 있었던 두레나 향약이 바로 그런 기부문화였어요. 우리는 그런 미풍양속을 잃어버리고 미국의 기부문화를 부러워하죠. 다시 시작해야 합니다. 저도 실천하고 있어요. 우리 회사 자체적으로 '청년창업 아카데미' 같은 것도 추진하고 있고요.

■ 공감합니다. 한국 사회가 불평등 구조가 심해져서 세계 최고와 최악이 너무 어지러이 혼재합니다. 세계 최고는 꿋꿋이 살리고 최악은 중상위급으로 끌어올려줘야 합니다. 이만큼 살게 된 나라에서 선거철 말잔치로만 그치거나 정책 시행할 때 시늉만 한다면 문명국이 아닙니다. 인간의 속성상 기득권층의 탐욕은 끝이 없습니다. 섬세한 제도적 장치를 만들어야지요. 그래야 다 같이 살 만한 세상이 옵니다. 그런 노력을 사회가 함께한다는 기미가 보여야 우리 청년들이 맘 놓고 결혼도 하고 출산도 하지요.

■ 창업도 마찬가지예요. 실패해도 다시 일어설 수 있는 풍토가 돼야 젊은 사람들이 도전의식을 갖게 되지요. 사회적 보험 같은 건데, 그걸 우리 어른 세대가 만들어줘야 하지 않겠습니까? 일마다 적합한 때가 있잖아요. 그때를 놓치면 일이 더디고 실패할 가능성이 큽니다. 살다보면 결단을 내려야 할 때가 옵니다. 그때 강단 있게 밀어붙여야지요. 안 그러고 머뭇거리다가 영영 기회를 놓쳐버립니다. 지나고 보면 '그때가 기회였구나' 할 때가 많잖아요.

■ 그래서 많은 사람의 운명을 좌우하는 정치나 경제 지도자들은 남다른 통찰력을 지녀야 합니다.

■ 거듭 말하는데 저라면 지금 여건에서도 절대 결혼, 출산, 창업 어느 한 가지 망설이지 않습니다. 오히려 전보다 여건이 훨씬 좋아

졌습니다. 남들이 안 하는 업종, 외국인 노동자들이 도맡아 하고 있는 일에 눈을 돌리고 그걸 업그레이드하면 성공은 보장돼요. 처음에는 엄두가 안 날 줄 압니다. 그때와 지금은 다르다고 말하지 마세요. 제 얘기 다 듣고 나면 그 말이 틀렸다는 걸 인정하게 될 테니까요.

承.

새우가
고래를
삼키는 법

창업은 하나의 세계를 만드는 일

────────────

■ 그럼 이제부터 현대판 신화 같은 회장님 창업 분투기로 다시 돌아가볼까요? '장안종합열처리회사'가 지금의 '케이피티'가 된 거죠.

■ 그렇습니다. 이름이 좋아 장안종합열처리회사지 사무실도 공장도 없었습니다. 말하자면 '장안'은 영업하느라 몰고 다니는 승합차 안이고, '종합'은 인천 일대 열처리 공장들의 네트워크였지요. 그러자니 집에서 승합차를 끌고 나와 공장이 있는 인천에 들러서, 전에 주문해놓은 열처리 제품들을 받아다가 경기, 충청 쪽 농공단지를 돌아야 했습니다. 제시간에 맞추려고 새벽부터 밤늦게까지 하루 평균 500킬로미터 넘게 운전했어요.

꼭 뭐에 홀린 사람처럼 일했지요. 전에 다니던 K열처리에서는 하루 12시간 넘게 일했는데, 창업하고 나서는 17시간은 기본이고 어떤 때는 20시간씩 일에 매달렸습니다. 서너 시간 자고 나가서 뛰어도 이상하게 지치지 않더라고요. 거래처도 늘고 수익도 느니까……

새한미디어 충주 공장에 일감을 따러 다닐 때였어요. 협력업체에
일감 구하는 사람이 먼저 와서 기다려야 하는 건 기본이었습니
다. 꼭두새벽에 집을 나서서 인천 공장을 거쳐서 곧바로 충주 새
한미디어로 달렸습니다. 그래도 이른 아침에 도착했어요. 관계자
가 아직 출근하기 전이어서 정문 앞에서 대기하고 있었지요. 한
참을 기다려서 출근시간이 되면 그때서야 직원이 왔어요. 아니면
출근시간보다 조금 늦게 오거나. 자꾸 그런 일이 생기니까 공장
장이 눈여겨본 모양입니다. 하루는 지각한 직원들을 불러 세워놓
고 나무라더라고요.

"지금 뭣들 하는 거야? 일감 얻으려고 멀리 인천에서 달려와 회
사 문도 열기 전에 대기하는 사람도 있는데, 바로 코앞에 살면서
지각을 해? 늦장 부려도 월급 착착 주니까 나사가 빠져버렸어 그
냥!"

제가 민망할 정도로 야단을 쳐서 직원들한테 미안하다고 사과를
다 했어요. 공장장이 수위한테도 그러더라고요. 꼭두새벽에 인천
서 내려오는 우리 협력업체 사장님이니까 정문에서 대기하게 하
지 말고 바로 통과시켜주라고. 그다음부터는 새한미디어 충주 공
장을 우리 집 안방처럼 드나들었어요. 당연히 일감도 더 많이 따
냈고요.

그 일로 시간관념을 확실히 정립했습니다. 누가 됐건 약속시간보다 항상 먼저 도착해 기다렸습니다. 예의도 예의지만 상대에 대한 존중의 표시였어요. 그러면서 차곡차곡 신뢰를 쌓았습니다.

그때쯤에 사업에 불이 붙어 쭉쭉 뻗어나갔어요. 창업한 지 6개월 만이었는데 부천 원미구 춘의동에 공장을 구했습니다. 50평 규모였죠. 임대이기는 해도 드디어 내 공장이 생긴 겁니다. 네모반듯한 터에 작은 단층 건물이었어요. 집을 사무실로 쓰고, 남의 집 전화를 빌려 쓰다가 떡하니 공장이 생기니까…… 계약하던 날, 너무 감격스러워 밥을 안 먹어도 배부르더라고요. 간판을 달고 입주했습니다. 직원도 하나둘 늘어나 열다섯 명이나 되었고요. 남동생들과 처갓집 친척까지 가세했습니다.

"그간 여러 산고를 치르면서 여기에 자리 잡았습니다. 이곳은 앞으로 상장회사가 될 우리 회사의 인큐베이터입니다. 장안종합열처리는 무럭무럭 자라나 서울 장안이 아니라 천하 장안을 누비며 뻗어갈 겁니다. 저는 여전히 가난하지만 꿈이 있습니다. 그 꿈을 같이 꿉시다. 그래서 훗날 그 결실을 함께 나눕시다. 우리는 여기서 같이 먹고 같이 자고 같이 울고 웃는 한 가족입니다. 나와 우리 식구도 여러분과 똑같이 부대낄 겁니다. 우리 제대로 일 한번 내봅시다!"

말하고 나니까 벅차서 속에서 울컥하더라고요. 눈시울이 뜨거워지고…… 직원들이 박수도 쳐주고요. 머리고기에 막걸리 한 사발씩 마시고 나니까 여기저기서 "우리 더 열심히 합시다!" 그러더라고요.

"열심히 일해주신다니 감사합니다. 그런데 열심히만 해서는 성공 못합니다. 제대로 해야 성공합니다. 저는 열심히 하는 건 별로 달갑지 않습니다. 다들 열심히 하니까요. 열심히 고스톱 치고 열심히 술 마시고 열심히 놉니다. 일거리가 이렇게 쌓였는데 농땡이 치는 사람이 어디 있습니까? 모두가 나름대로 열심히들 하지요. 그렇게 열심히 하다가 불량을 내면 차라리 노느니만 못합니다. 그러니까 우리 제대로 잘해봅시다!"

춘의동 공장은 터도 좋고 업무환경도 좋았습니다. 널찍한 마당도 있었고요. 회사가 날개를 달았지요. 한 달 수입이 전에 다니던 회사 1년 치 연봉이었으니까요. 그 돈을 과감히 설비투자에 쏟아부었습니다. 다른 공장들은 버너에 불을 붙여서 열처리를 하던 때였는데, 그게 다 낙후된 재래시설이었어요. 그때 우리는 선도적으로 전기로電氣爐 방식을 도입했습니다. 열처리가 빠르고 제품 성능이 좋아질 수밖에 없었어요. 전기로를 구입하고 나니까 자금이 달렸어요. 막 커가는 회사는 가난한 집 애들하고 똑같아요. 항상 허기지고 배고프지요. 그렇다고 자금을 마련할 뾰족한 수가 있을 턱이 없습니다. 공장 절반을 아는 업체에 임대해주기로 했습니다. 전세금의 반액을 회수해서 투입했지요. 중간에 커튼을 치고 나눠 썼습니다. 작은 공장을 회사 두 개가 칸막이를 치고 일하자니 불편한 점이 한두 가지가 아니었습니다. 전화 받는 소리, 거래처랑 다투는 소리가 고스란히 다 들려서 산만하기 짝이 없었지요. 그 많은 직원 도시락을 아내가 집에서 싸다줬어요. 비용을 절감하려니 도리가 있어야지요. 저야 영업을 뛰면서 열처리 감독하면 됐지만, 아내는 아이 기르면서 직원들 도시락 만들고 경리까지 했어요. 특히 운전자금 마련하는 걸 제일 힘들어했습니다. 거래처에서 받은 3개월, 6개월짜리 어음은 만기일까지 기다릴 여유가 없었습니다. '어음깡'을 해서 급한 불을 끄는 데 썼지요. 은행에서 영세업체 어음은 할인을 안 해줬어요. 부도날 가능성이 있다고. 그래서 사채시장을 이용할 수밖에 없었습니다.

아내가 어음 쪼가리를 들고 사채시장엘 찾아갔는데, 잔뜩 졸았답니다. 여태 그런 델 가봤겠습니까? 깍두기머리를 한 험악한 사람들이 막 윽박지를 줄 알았답니다. 사무실 문을 열었는데 겁낼 거 하나 없는 분위기라서 안심했대요. 사채시장은 그냥 제3금융권일 뿐이에요. 은행은 고사하고 제2금융권에도 못 가는 사람들이 찾는 데가 사채시장입니다. 턱없이 높은 수수료를 떼고 돈을 내줬겠죠. 눈 뜨고 코 베가는 식이죠. 아내가 그때 정확히 알았다고 하더라고요. 사채시장은 분위기가 험악해서가 아니라 이자가 너무 높으니까 모두가 무서워하는 곳이라고.

리스크가 커서 수수료를 많이 뗀다지만 떼도 너무 떼니까 아내가 항상 속상해했습니다. 다들 꺼려하는 3D업종에 누가 엔젤투자를 해주겠습니까? 그래서 어려울 때마다 큰언니하고 형부한테 매달렸어요. 그럴 때마다 친정어머니처럼 도와주셨습니다.

일에 미쳐서 뛰어다니다보니 사고가 터진 적도 있습니다. 지금은 금형 제품을 열처리하면 진공로에서 질소로 냉각해서 나오지만, 그때는 벌겋게 달아오른 제품을 그대로 가열로에서 꺼내 선풍기로 식혔습니다. 침을 뱉어봐서 금방 기화되지 않고 침이 보글보글 끓을 때 다시 가열기로 집어넣었어요.

그날은 일손이 달려서 저도 열처리에 투입됐습니다. 10킬로그램짜리 기다란 금형을 가열로에서 꺼내 땅바닥에 세워놓고 식히고 있었는데, 그게 그만 왼쪽 발등에 쓰러진 거예요. 당시는 너무 영세해서 안전화도 없이 그냥 운동화만 신었거든요. 아파서 죽는 줄 알았습니다. 그래도 걸을 만해서 병원에 안 가고 퇴근했어요. 다행히 왼발이라서 운전에는 지장이 없었습니다. 아내가 찬 물수건으로 마사지를 해주면서 바빠도 짬 내서 병원에 가보라더라고요. 그러마고 그냥 건성으로 대답하고 바로 공장으로 갔지요. 밀린 일거리가 태산인데 한가롭게 병원에 갈 시간이 있어야지요. 나흘째가 되니까 부기가 심해지면서 도저히 걸을 수가 없더라고요. 정형외과에서 엑스레이를 찍었는데, 의사가 야단을 쳤습니다.

"발등뼈가 세 개나 골절이 됐군요. 통증이 여간 심한 게 아니었을 텐데 이러고서 어떻게 나흘이나 버텼답니까? 기계도 아니고 알 만한 젊은 사람이 왜 이렇게 미련한 거요? 평생 장애가 될 수도 있으니까 당장 입원하세요."

도리 없이 입원했지요. 부기가 빠지니까 깁스를 하고 다시 업무에 복귀했습니다. 거래처에서 맨발의 청춘이 아니라 깁스발의 청춘이라고 놀리더라고요. 넘어진 김에 쉬어간다는데 그럴 여유가 있어야지요. 저는 예전처럼 매일 500킬로미터 이상씩을 달리고 또 달렸습니다.

꼭두새벽에 집을 나설 때, 아내가 밥과 반찬, 찌개거리를 냄비에 싸줍니다. 그걸 차에 싣고 영업을 뛰다가 점심때가 되면 충북 괴산 군자산, 음성 백마산, 안성 서운산 같은 경치 좋은 국도변 그늘에 차를 세우죠. 봉고차 문을 활짝 열어놓고 뽕짝을 쿵쿵 소리 나게 틉니다. 버너에 불을 붙이고 찌개를 끓이죠. 냄비 뚜껑을 열어보면 거기에 정성을 다해 손질한 찌개거리가 들어 있습니다. 우리 와이프 오정자가 나를 이렇게 사랑하는구나. 거기에 물을 떠다 붓고 끓이면 저도 모르게 콧노래가 나옵니다.

'맨발로 걸어왔네 사나이 험한 길~'

콧노래로 흥얼흥얼 따라 부르다보면 어느새 찌개가 보글보글 끓어요. 그럼 눈으로 산천경계 좋고 바람 시원한 가운데서 밥을 먹죠. 꿀맛입니다. 그 밥맛 안 먹어본 사람은 잘 몰라요. 메들리 테이프에 담긴 곡들 속에 〈해 뜰 날〉이라고 제가 좋아하는 노래 있어요.

> 꿈을 안고 왔단다~ 내가 왔단다~
> 슬픔도 괴로움도 모두 모두 비켜라~
> 안 되는 일 없단다~ 노력하면은
> 쨍하고 해 뜰 날 돌아온단다~
> 뛰고 뛰고 뛰는 몸이라 괴로웁지만
> 힘겨운 나의 인생 구름 걷히고……

밥을 퍼먹다가 쿵짝쿵짝 소리에 흥이 나서 나도 모르게 엉덩이춤을 추기도 합니다. 지나가던 차량에서 사람들이 유리창을 내리고 구경하기도 하죠. 저놈 단단히 미쳤나보다는 표정으로 힐끗거리다 가버려요. 그러거나 말거나, 저만 좋으면 됐죠. 비라도 내리는 날에는 '밤비 내리는 영동교를 홀로 걷는 이 마음~'을 부르면서 밥 먹고요. 처량하다는 생각은 해본 적이 없어요. 이런 즐거움을 만끽하지 못한다면 그 사람은 행복할 자격이 없어요.

■ 하하하. 어떤 광경일지 상상이 갑니다. 7,80년대 국산 영화의 한 장면 같네요. 서울, 경기, 충청도를 찍으며 일하다가 사랑하는 아내가 만들어준

밥을 풍광 좋은 데서 데워 먹는 즐거움이라니…… 그 밥이야말로 신들의 음식 암브로시아죠. 영혼의 양식 말입니다.

■ 사랑이 담긴 밥을 먹으면 피로를 몰라요. 병도 안 걸리고 에너지로 충만하죠. 엔도르핀이 팍팍 돌아요. 밤에 귀가해서도 뽕짝을 흥얼거릴 때도 있었어요. 아들 녀석이 그대로 따라 부르죠. 그 통에 또래 아이들 다 부르는 동요는 잘 모르고 뽕짝만 뀔 지경이 되었습니다. (웃음)

■ 본인은 그렇게 신났을지 모르지만 돈키호테의 애마 로시난테에 해당하는 봉고차는 너무 고달팠겠습니다. 하루 500킬로미터 주파가 어디 쉬운 일입니까?

■ 그럼요. 제가 깁스발의 청춘이던 때, 오히려 이참에 푹 쉬게 된 건 제가 아니라 봉고차였습니다. 쇳덩이 부품들을 싣고 하루에 500킬로미터를 주파하다보니 2년도 안 돼 주행거리가 30만 킬로미터를 훌쩍 넘더라고요. 그러다 그만 길에서 멈춰 서버렸습니다. 수명이 다한 거죠. 기계지만 미안합디다. 폐차하고 새로 장만했지요. 제 발의 깁스는 3개월 뒤에야 풀었습니다. 무리를 많이 했는데도 다행히 후유증도 없었고요.

■ 젊음 자체가 약일 때가 있지 않습니까? 청춘은 그런 시기지요. 회장님한 테는 특히 '불의 전차 시대'라고 부르고 싶습니다. 깁스한 발을 끌고 다니 면서 품었던 열정, 그것만으로도 세상에 못 이룰 게 없을 것 같습니다. 생 명은 저마다 어느 한때건 꽃을 피우고 약동하는 시기가 있습니다. 그때 불을 뿜듯 맹렬히 짓쳐 달리다보면 회장님처럼 기적을 일궈냅니다. 우리 시대 청춘들에게 진실로 필요한 건 값싼 위로나 동정, 스타트업 지원금이 아니라 저마다 내면의 차고에 멈춰 서 있는 그 불의 전차를 달리게 만들 어주는 일이 아닐까 싶습니다.

■ 그 불의 전차를 누가 만들어줄 수 있을까요? 국가가? 종 교가? 멘토나 자기계발서가? 자극은 줄 수 있겠지만 동력 은 스스로 만들어야지요. 제 이야기도 조금 '빡센' 자극제일 뿐입니다. 지금은 자극이 넘쳐나는 세상입니다. 자극이 없어서 못하는 게 아니라 할 생각이 없어서 안 하는 겁니다. 한 번 살다 가는 인생, 남들이 어떻게 해주기를 기다릴 게 아니라 스스로 엔 진을 작동해야지요. 아무리 파워가 좋은 엔진이라도 너무 오래 세워두면 녹이 습니다. 이것저것 다 갖추려고 하지 말고 면허만 있다면 밖으로 끌고 나와야지요. 초보운전자가 어떻게 처음부터 쌩쌩 달리겠습니까? 엉금엉금 기어가다가 날아가는 거죠. 길을 달리다보면 갖가지 장애물은 만나는 건 필연이잖습니까. 그것들 을 차례차례 돌파하면서 즐길 줄 알아야 멀리 갑니다. 저라고 장

애가 없었겠습니까? 한 고비 넘으면 또 다른 고비가 나왔습니다. 그때마다 벽을 깨듯이 정면승부로 돌파했습니다. 편법을 쓰지도 않고 요행을 바라지 않았습니다.

제 아내도 집안 살림뿐만 아니라 회사 살림살이까지 맡아야 하니까 고충이 말이 아니었지요. 특히 돈 문제로 너무 신경쓰다보니 편두통에 시달렸어요. 통증이 눈부터 안면 전체로 내려와서 신경정신과 약도 먹었습니다. 얼마나 힘들었던지 성당에 다시 나갔어요. 처녀 때 영세까지 받았다가 시댁이 불교를 믿으니까 그만뒀었거든요. 아내는 고비 때마다 기도하면서 위로받고 어려운 일을 극복했습니다. 저도 자연스럽게 성당에 다니게 됐고요.

제가 완치된 지 얼마 안 돼서 이번에는 세 살배기 딸아이한테도 사고가 터졌습니다. 그때가 일요일이었는데, 아내는 성당에 다녀왔다가 쉬지도 못하고 당직 직원들 도시락 싸놓고, 다림질을 하고 있었지요. 애가 델까봐 다리미를 서랍장 위에 올려놓았답니다. 당시 여동생이랑 함께 살고 있었는데, 동생이 외출했다가 핸드백을 서랍장 위에 올려놓았던 모양입니다. 아이가 핸드백 줄을 무심코 잡아당겼는데, 옆에 있던 다리미가 같이 떨어지면서 뾰족한 모서리에 그만 아이 이마가 찍혀버렸습니다. 아이는 자지러지게 비명을 지르고…… 피가 흥건했어요. 지금 생각해도 아찔합니다. 압박붕대로 감아주고 아내는 병원으로 뛰어가고…… 저는 그

와중에도 직원들 도시락을 챙겨서 회사에 가야 했어요. 제가 아니면 할 수 없는 일들이 있었거든요. 특히 열처리 제품이 제대로 나왔는지 꼼꼼히 품질검사를 하는 건 절대 남한테 맡기지 않았습니다. 불량품을 납품했다가 신용을 잃으면 지금껏 쌓은 공든 탑이 한순간에 날아가버리니까.

아내가 얼마나 속이 상했겠습니까. 일요일이라 병원에는 당직의사만 있고 외과의사가 없었어요. 여자아이니까 흉 안 지게 꿰매줘야 하는데 걱정이었습니다. 마취도 안 하고 바늘로 꿰맸습니다. 아이가 자지러지는데 밖에서 그 소리를 듣고 있자니 가슴이 미어터지더랍니다.

비좁은 집에서 시누이에 시동생에 직원으로 데려온 친정집 친척까지 2교대로 잠을 자면서 시끌벅적하게 살다보니 벌어진 사고였어요. 핸드백을 올려놓은 시누이가 얼마나 미웠겠습니까? 그 판국에도 남편은 회사부터 챙기고요. 그래도 아내는 이렇게 생각했답니다. '누구 잘못도 아니다. 서랍장에 다리미를 올려둔 내 잘못이다. 이건 액땜으로 치자.'

다행히 아이 흉터는 많이 지워져서 지금은 눈에 잘 띄지 않아요. 이제는 담담하게 말할 수 있으니 그것도 추억이 된 모양입니다. 회사 키운다고 돈 아끼느라 시장에서 한 치수 큰 옷만 사다 입혔어요. 그래도 착하고 공부도 열심히 해서 보스턴대 경영학부를 나왔습니다. 지금은 좋은 배필을 만나 가정을 꾸렸고요.

성실하면 끝내 통하더라

────────────

■ 그 사고가 있고 나서 처제가 올라와 딸아이를 봐줬어요. 딸아이
도 이모를 잘 따랐고요. 덕분에 아내가 홀가분하게 출근했습니
다. 일에만 전념할 수 있어서 신이 났지요. 내친김에 공장에서 직
원들 밥을 짓기로 했습니다. 점심 저녁 도시락 싸 나르는 일이 여
간 큰일이 아니었는데 공장 안에서 해결하면 여러 가지로 편했습
니다. 문제는 공장에 주방시설이 제대로 없어서 밑반찬은 집에서
해 나르고 밥하고 찌개는 공장 한쪽에서 조리했습니다. 푸세식
화장실 바로 옆에 수돗가가 붙어 있어서 불결한 환경이었는데,
그래도 아내가 깔끔하게 했지요. 아내한테 먹는 것 하나는 제대
로 먹자며 식재료비는 아끼지 말도록 했습니다. 직원들 땀 흘려
일하는데 잘 먹이고 싶었습니다. 다행히 직원들도 맛있게 먹어줬
고요. 말 그대로 그야말로 '땀과 눈물 젖은 한솥밥'이었지요. 납기
일 맞추려고 일요일이나 공휴일도 돌아가면서 일했습니다.

눈코 뜰 새 없이 일해도 자금회전이 잘 안 돼 아내가 늘 돈을 구하러 다녔습니다. 어음을 할인하지 않고 결재될 때까지 기다릴 수만 있으면 여유자금이 생기는데, 꼬박꼬박 돌아오는 직원들 봉급을 해결할 방법이 없었습니다. 창업하고 처음으로 은행을 찾아갔어요. 사채에 비해 금리가 훨씬 저렴하니까 은행대출만 받을 수 있다면 아내가 발을 동동 구르지 않아도 되었습니다. 은행이 담보를 요구하더라고요. 17평짜리 다세대 주택에 살면서 공장 운영하는 젊은 사장한테 담보물이 있을 턱이 있나요. 그러면 보증인을 둘 세우라고 하더라고요. 저나 아내는 그것만큼은 절대 하지 말아야 한다고 생각하는 사람들이었습니다. 보증 섰다가 같이 망한 사람 여럿 봤거든요. 설령 우리가 소신을 바꿔봤자 아는 사람이 애꿎은 처형네밖에 없었고요. 형제들이 다 매달려 일하는 회사지만 우리 본가에서는 절대 보증을 서주지 않았습니다.

누가 공장이 그렇게 잘 돌아간다면 신용도 좋겠다고, 신용보증회사에 보증서를 제출하면 대출이 가능하다고 하더라고요. 그래서 이번에는 신용보증회사를 찾았고 급기야 회사 신용평가에 들어갔습니다. 심사가 얼마나 까다롭던지 형사가 죄인 취조하는 것 같더라고요. 이렇게 닦달할 거면 당장 그만두라며 때려치우고 싶은 심정이었습니다. 하루 수백 킬로미터를 뛰어다니면서 영업하고 일요일도 쉬지 않고 열처리해서 번 돈, 고리대금업자만 좋은 일 시키는 구조였어요. 사업이 아무리 잘돼도 사채 이자 갚고 나면 별로 남는 게 없었습니다. 이러다가 어느 세월에 상장회사가 되나 싶더군요.

그렇게 기다리는데 어느 날 소식이 왔어요. 신용에 문제가 없고 장래가 밝다고 보증서를 발급해주기로 했다는 겁니다. 1,000만 원도 감사한데 몇천까지도 가능하다고요. 직원들이 다 보고 있었는데 아내하고 부둥켜안고 좋아했지요. 그렇게 까다롭게 굴더니 이러려고 그랬던 모양입니다.

은행대출을 받으니까 회사가 윤기가 돌았습니다. 속 아프게 어음 할인을 안 하니 이익금이 쌓였어요. 전기로를 도입해서 열처리기술이 더 좋아지고 빨라지니까 거래업체들 사이에 소문이 났습니다. 제가 직접 영업을 나가지 않아도 일감이 밀려들었어요. 일이 일을 부르고 거래처가 거래처를 끌어왔어요. 세상이 진짜 신기합니다. 첫발을 떼는 사람한테는 한없이 냉정하고 가혹한데 발자국이 찍히면서 방향성이 좋으면 금세 열광합니다. 처한 입장에 따라서는 야속하기도 하겠지만 세상의 그런 속성을 처음부터 잘 인식할 필요가 있습니다. 원망할 일도 흥분할 일도 아니라는 겁니다. 성실하면 끝내 통합니다. 거기에 실력까지 갖춘다면 더할 나위 없지요. 옳은 일, 정의가 꼭 이기지는 않지만 가짜나 불의로는 절대 오래 못 갑니다.

■ 그래서 알루코그룹의 사시社是가 신의, 성실, 기술개발인가봅니다. 듣다보

120

면 회장님은 지극히 현실주의자십니다. 《노자老子》의 한 구절이 떠오르는군요. "까치발로 서는 자는 바로 설 수가 없고, 가랑이를 크게 벌리는 자는 멀리 갈 수가 없다企者不立 跨者不行"는 말입니다. 까치발로 서는 자는 잔꾀 부리는 사람이고, 가랑이를 크게 벌리는 자는 남을 타넘으려고 하는 사람입니다. 세상에 그런 사람이 얼마나 쌔고 쌨습니까? '불성무물不誠無物'이라고 하죠. 《중용中庸》에 나오는 말인데, 정성은 모든 사물의 근본이므로 정성이 없는 곳에는 아무것도 없다는 뜻입니다. 회장님의 정직하고 우직한 소걸음이 드디어 빛을 발휘하네요.

■ 아이를 키워보면 마디마디 자라다가 어느 땐가는 쑥쑥 자라는 때가 있어요. 비약이라는 거죠. 회사도 그래요.

저는 직원들에게 업무를 나눠주고 일본으로 날아갔습니다. 일본의 첨단 열처리 공장들을 견학하려고요. 당시 일본의 열처리 기술이 우리보다 20년은 앞서 있었습니다. 그 선진기술을 배워오지 않으면 얼마 못 가 일거리가 사라질 거라고 생각했거든요. 낡은 기술은 신기술에 자리를 내주게 돼 있습니다. 우선 일본의 신기술을 도입해 활용하면서 R&D를 병행하기로 했습니다. 일본을 따라잡아야 세계무대로 갈 수 있으니까요. 일본과 독일 기술력이 이 분야 최고였습니다.

이제 겨우 은행대출을 튼 영세업체에서 해외출장을 가고 R&D를 한다니까 다들 비웃었을 겁니다. 그런데 전에 다니던 회사를 나온 이유가 바로 연구개발 때문이었잖아요. 지금 좀 잘 돌아간다고 현실에 안주하다보면 얼마 못 가 도태하게 돼 있습니다.

저는 그간에도 틈틈이 학회를 쫓아다녔어요. 박사급 열처리 기술사들의 최신 정보를 스펀지처럼 흡수해왔습니다. 운이 좋게도 그 무렵이 해외 유학파 공학계열 교수들이 한국으로 돌아와서 안착할 때였어요. 그 사람들을 찾아가면 기다렸다는 듯이 최신기술과 설비 정보도 알려주고, 자기 노하우도 열성적으로 전해줬어요. 중소기업진흥공단도 해외 선진공장 견학을 장려했습니다. 그 기회를 십분 활용했지요.

일본의 퇴역 기술자를 영입해서 현장에서 직접 활용할 수 있는 가스질화gas nitriding 기술, 염욕질화salt bath nitriding 기술을 차례차례 확보했습니다. 염욕질화 기술은 비용이 저렴하고 열처리 시간을 단축할 수 있는 장점이 있었습니다. 그런데 친환경적이지 못하고 열처리 품질과 수명이 제한적이었습니다. 고품질 열처리를 해야 하는 자동차·전자·기계 업계는 일본이나 독일의 진공 열처리기술을 쓰고 있었습니다. 저는 그런 첨단기술도 개발해야 한다고 생각했어요. 국내 최초였을 겁니다.

1992년 창업한 지 4년 만에 연구소를 세웠습니다. 그때 직원이 고작 열다섯이었는데, 존재감도 없는 연구소를 세우니까 다른 업체 대표들이 손가락질을 했습니다. 공장 부지도 없이 임대해서 사업하는 처지에 가당찮은 R&D에 열을 올린다며 돼지 목에 진주목걸이고, 개 발에 주석편자라고요. 그러거나 말거나 묵묵히 내 길을 갔습니다. 연구소장으로 젊은 박사급 인재를 영입하려고 했지요. 그런데 대학도 아니고 대기업 연구소도 아니고, 손바닥만 한 영세업체에 오려는 사람이 없었습니다. 제가 연구소장을 겸하면서 시간을 두고 적임자를 물색했습니다.

'죽음의 계곡'을 건너는 법

■ 1992년에는 청주 공장도 열었습니다. 기술개발의 효과가 바로 나타나더라고요. 충북 진천에 B금속이라는 업체가 있었어요. 성신양회 자회사인데 대우자동차(현 GM코리아)에 단조품을 납품하는 업체였지요. 그 B금속이 월 수억 원어치나 되는 물량을 주문했습니다. 자동차가 호황을 누리던 시절이어서 전도가 탄탄했지요. 부천 공장에서 소화하기에는 너무 컸고 거리도 멀어서 새 공장이 필요했습니다.

청주에 열처리 공장을 차리면 진천에서도 가깝고 경기도 안산은 물론 경상도 진주와 창원까지도 납품이 가능했습니다. 물색을 했는데, 예전에 폐음료수병을 세척해 재활용하던 새마을 공장을 임대하기로 했습니다. 3,300제곱미터 규모로 부천 공장 두 배 크기였죠. 1,000평밖에 안 됐지만 당시 우리 회사 형편으로는 아주 큰 규모였습니다.

은행에서 융자받은 돈에 그간 모은 자금을 더해 최신 설비를 갖쳤지요. 직원도 새로 뽑았습니다. 부천 공장이 안정적인 궤도에 올라서 제가 일일이 챙기지 않아도 잘 굴러갔어요. 그래서 청주 공장에 전력을 쏟았습니다. 둘째 동생과 함께였죠. 예상이 적중했고 공장을 가동하자마자 일거리가 넘쳐났습니다.

그런데 갑자기 공무원들이 들이닥친 거예요. 낙동강 페놀유출 사건 때문에 말이 많았을 때였는데 정부가 환경오염 단속 차원에서 나온 겁니다. 처음에는 의례적인 단속이겠거니 했죠. 열처리업체가 화학 공장도 아니고 환경을 오염시키면 얼마나 시키겠습니까? 그런데 우리 회사 근처에 있던 도금 공장에서 청주 무심천에 폐수를 방류하다 적발됐어요. 상황이 달라진 거죠. 감독 당국에서 우리 공장까지 정밀심사에 들어갔습니다. 두려울 건 없었어요.

그런데 재조사를 하면서 전혀 예상 못한 문제가 생겼어요. 애초 새마을 공장으로 허가받은 곳이었는데 지금 열처리 공장을 하고 있으니 정식으로 용도변경 절차를 거치라는 판정이 나왔습니다. 용도를 변경하기 전까지 폐쇄였어요. 잘나가던 회사가 복병을 만난 거죠. 제 불찰이었습니다. 다들 용도변경하지 않고 다른 공장으로 쓰고 있어서 문제가 될 줄은 꿈에도 몰랐지요. 처음부터 법적으로 하자가 없는 상태로 출발했어야 했습니다.

"서울 시내 한복판에서도 운영할 수 있는 열처리 공장을 청주에서는 왜 못한다는 겁니까? 허가 내주고 여태껏 아무 문제 삼지 않더니 이제 와서 무슨 일입니까? 이렇게 갑작스럽게 폐쇄하면 수십 명 사원 가족이 거리로 나앉았습니다."

"법이 그렇게 돼 있으니 법대로 하는 겁니다. 용도변경만 하면 재가동할 수 있으니까 그렇게 하세요."

문제는 용도변경을 하려면 환경영향평가를 꼭 받아야 하는데, 평가기간이 몇 달씩 걸렸고 비용도 3억 원이나 든다는 거였습니다. 이미 설비투자에 큰돈을 쏟아부은 상태라서 그 돈을 추가로 마련할 재간이 없었어요. 더구나 공장을 가동하면서 평가를 받는 것도 아니고 문을 닫은 상태로 받아야 하니 몇 개월을 무슨 수로 버텨냅니까. 돈줄이 막힐 때마다 아내가 애면글면 해결해왔었는데 이번에는 아내도 두 손을 들었어요.

일주일을 고민했습니다. 더 머뭇거릴 시간이 없었습니다. 혼자 포장마차에 가서 소주를 맥주잔에 따라 두 잔을 내리 들이켰어요. 소주가 목구멍을 타고 내려가는데 그렇게 쓰더라고요. 답은 벌써 나왔어요. '그래, 맞다. 여기까지가 청주 공장의 운명인가보다. 깨끗이 접고 철수하자.' 아파트 두 채 값이 몇 개월 만에 날아가는 순간이었지요.

다음날 자동차에 진로 소주 한 박스를 싣고 청주 공장으로 내려갔습니다. 검은 르망 승용차에 카폰을 달고 다니던 때였어요. 직원들하고 소주를 나눠 마시면서 이야기했지요.

"공장을 폐쇄할 수밖에 없어요. 그래도 부천 공장이 있으니까 일거리는 많습니다. 나만 믿고 다들 거기로 갑시다. 아무리 어려워도 월급은 집을 팔아서라도 꼭 챙길 겁니다. 가서 같이 먹고 자고 보란 듯이 다시 일어서면 되잖습니까? 처음부터 다시 시작해서 복구하면 됩니다. 조만간 이보다 더 큰 공장을 세울 자신이 있어요."

열변을 토했는데도 사원들이 많이 떠났어요. 생활 터전을 옮겨야 하는 부담도 있었겠지만, 제가 결정타를 맞았으니까 재기하기 어려울 거라고들 생각했습니다. 기간은 짧았어도 한 식구처럼 정이 들었는데 돌아서자니 마음이 안 좋더라고요. 직원 넷이 같이 가겠다고 해줘서 함께 부천 공장으로 돌아왔습니다. 꼭 야전사령관이 쓸쓸하게 퇴각하는 기분이었지요.

거래처에서 주문받았던 일감은 한 달만 더 납품해주기로 하고 그 뒤로는 다른 열처리 회사에서 하라고 주선해줬습니다. 기계설비들을 정리하고 완전히 철수하는 데 한 달이 걸렸습니다. 손실금이 3억 원이었는데 어렵게 넓혀놓은 거래처랑 미래가치를 따지면 훨씬 컸죠.

같이 온 직원들 중에 방을 못 구한 직원들은 우리 집에서 함께 지냈어요. 17평짜리 다세대 주택에서 8명이 살면서 2교대로 일에 매달렸습니다. 북적북적거렸죠. 일만 할 수 있으면 복구는 시간문제였습니다.

■ 첫 번째 위기였군요. 창업 2년에서 5년 차에는 꼭 '죽음의 계곡'이 찾아온다던데…… 한국 벤처들 생존율이 지금도 너무 낮다고 들었습니다.

OECD 국가 중 꼴찌라더군요. 여러 가지 지원책이 생겨서 스타트업 창업 환경은 전보다 좋아졌지만 몇 년 못 가서 '죽음의 계곡'을 못 넘기고 폐업한다는 겁니다. 회장님 경우는 자생력을 확보해놓고도 당국의 융통성 없는 규제 때문에 타격을 입은 셈입니다. 전혀 예기치 못한 변수인 데다 손실이 너무 커서 복구하기 힘들었을 텐데요.

■ 왜 안 힘들었겠습니까? 뒤에서 날아온 짱돌에 맞은 격이잖아요. 울화통도 터졌습니다. '죽음의 계곡'이라는 말이 딱 맞아요. 신생 기업들이 막 커가려고 하면 다들 꼭 한 번쯤은 겪게 됩니다. 자금 문제 때문에요. 그래도 제가 보기보다 호락호락하지가 않아요. 겉보기는 키도 작고 유약해 보일지라도 맘먹으면 악으로 깡으로 끝장을 봅니다. 위기 때는 오히려 냉정해지는 편이고요. 차분하게 상황을 보고 있다가 돌파구를 찾는 거죠. 길이 없을 수는 없으니까요. 방향을 잡았다 싶으면 다른 데 안 보고 거기에만 집중합니다. 낙수가 바위를 뚫는다잖습니까.

다섯 살 때 소아마비를 앓은 적이 있어요. 지금은 완전히 없어진 병이라는데 우리 어릴 적에는 흔했어요. 예방접종이 잘 안 돼서요. 저는 다리가 굳어서 누워만 있었는데, 어머니가 걷는 연습 하라고 안방에 기다란 줄을 매달아놓았어요.
"도봉아, 의사선생님 말씀이 니가 죽어라 걷는 연습을 안 하면 다리를 영영 못 쓴단다. 병신이 된단다. 오늘부터 어쩌든지 이 줄 붙잡고 왔다 갔다 댕기면서 두 다리 튼튼히 만들어야 쓴다. 엄마 말 잘 알아먹었지?"

그때는 장애인이라는 말도 쓸 줄 몰라 병신이라고 하셨어요. 그 어릴 때였는데 병신이라는 말이 얼마나 무서웠겠습니까. 줄을 잡고 서는데 다리가 다 후들거리더라고요. 한 걸음도 못 가서 주저앉아버렸습니다. 그러다가 이를 악물고 다시 섰어요. 정말 죽어라 또 한 걸음을 뗐지요. 어머니가 앞에서 박수를 쳐주니까 다른 쪽 발도 내밀고…… 계속 누워만 있다가 처음 걸은 거였어요. 너무 힘드니까 눈물이 나더라고요. 뭔지 모르게 감격스러운 것도 있었고…… 엉엉 울면서 계속 걷다가 갑자기 까무러쳤어요.

동네에 나처럼 소아마비 때문에 목발을 끼고 다니는 학생도 있었어요. 포기하면 안 될 것 같았습니다. 끙 소리를 내서 자리에서 몸을 일으켰지요. 벽 쪽으로 다가가 그 벽을 짚고 일어섰어요. 양손으로 벽을 잡은 채로 걸음마 연습을 했습니다. 시간이 지나면서 걸음걸이가 제법 안정감을 찾았고 차차 종아리와 허벅지에 근육이 붙기 시작했습니다.

"장하다, 우리 손자. 장군감이야 장군감!"

할머니가 속바지 주머니에서 커다란 눈깔사탕을 꺼내 볼에 물려주셨어요. 얼마나 좋아하셨는지…… 결국 소아마비 후유증을 말끔히 극복했습니다. 장군처럼 우람하거나 키가 크지는 못했지만

요. 그리고 대학 시절에는 산악회 동아리에서 암벽도 타고……

■ 가장 약한 걸 강하게 바꿔놓은 거네요. 사람은 스스로 자신의 약점을 보완해 강점으로 키울 수 있는 존재입니다. 동물이나 식물은 그 약점 때문에 도태되지만 인간은 다릅니다. 핸디캡을 극복하고 선도자가 되는 예가 많습니다. '위대한 콤플렉스'라고 할까요. 심리학자 아들러Alfred Adler가 "인간이 위대한 성과를 이루는 것은 태어날 때부터 완벽하고 우월한 능력을 부여받아서가 아니라 오히려 열등한 부분을 자각하고 극복하기 위한 노력의 결과"라고 말했습니다. '나폴레옹 콤플렉스'죠. 나폴레옹도 작은 키를 극복하려고 남들보다 더 많이 노력해서 영웅 소리까지 들었습니다. 부천 공장으로 돌아가 다시 일을 시작하셨다는데 그건 어떻게 됐습니까?

■ 부천으로 돌아와서 신기술 정보들을 캐고 R&D에 집중했습니다. 그러다가 진공 열처리기술을 알게 됐어요. 당시 열처리기술은 화학약품으로 금속 표면을 열처리하는 기술이었어요. 진공 열처리 기계를 들여와야 대기업에서 만드는 자동차나 전자제품 부품들을 맡을 수 있었습니다. 이번에도 자금이 문제였지요. 뛰어다니면서 중소기업진흥공단과 기술신용보증기금 지원을 받아냈습니다. 그 돈으로 일본에서 퇴역 기술자를 초빙해 와 진공 열처리 기계를 만들었습니다.

대성공이었어요. 청주 공장을 포기한 지 1년 만이었는데 그때의 손실금 몇 배를 쥘 수 있었지요. 한 달에 아파트 한 채 값이 순이익으로 떨어졌습니다.

회사 일도 잘 풀려가던 차에 아들이 태어났습니다. 첫째가 태어나면서 매사가 잘 풀려가더니 둘째는 공장이 대박을 칠 때 왔으니까 복덩이죠.

방향감각을 잃었을 때는

■ 1994년 8월에 안산공단에 건물을 사서 이전을 했습니다. 그걸 계기로 회사 이미지를 새로 바꾸기로 했어요. 이제까지는 약간 그악스런 일꾼 같은 이미지였다면 스마트한 기술자 이미지를 내세우고 싶었지요. 이미지뿐만이 아니라 실제로 첨단 신기술을 도입하고 직원들 복지도 신경을 썼어요. 회사 이름도 바꿨습니다. 케이피티KPT(Korea Plasma Technology U Co.)라는 영문 이름으로. 플라스마 기법이 최신 열처리기술이어서 첨단설비와 신기술로 승부하겠다는 뜻이었지요. 말하자면 저한테는 부천시대가 끝나고 안산시대가 열린 겁니다.

당시 안산공단에 연수원이 있었는데, 그 연수원에 정부가 첨단 시험설비를 들여왔습니다. 그 시설을 싼 가격에 활용하면서 회사를 키웠지요.

케이피티에서 만든 신제품은 국내 최고였어요. 이제 거래처를 대기업으로 바꿔도 될 것 같았습니다. 신제품이 나오면 대기업부터 찾아가서 이전 부품보다 훨씬 성능이 좋다고 적극적으로 설명했어요. 대기업 문턱이 워낙 높고 국산 제품을 불신하던 때라 씨도 안 먹히더라고요. 그래도 성능실험 데이터를 제시하면서 집요하게 매달렸지요. 그래도 거래를 트려고 하지 않았어요.

그러다 1997년 말에 IMF가 터졌습니다. 우리 회사는 수익금이 쌓여서 자금력에 아무런 문제가 없었습니다. 그런데 문제는 꼭 딴 데서 터져요. 우리 주거래은행이었던 경기은행이 문을 닫은 겁니다. 세상에, 무슨 은행이 망하나 싶었어요. 황당하기 짝이 없었습니다. 케이피티의 어음, 당좌거래 등이 일순간 정지됐습니다. 그간 거래처에서 받은 어음을 100퍼센트 경기은행에서 할인하고 연장해왔는데 더 이상 그럴 수가 없었어요. 패닉상태였죠. 눈앞이 캄캄했습니다. 당시에는 현찰이 아니라 어음하고 당좌거래가 일반적이었습니다. 할인도 안 되고 연장이 안 되면 어음은 휴지 조각이나 다름없어요. 아무리 일거리가 많아도 회사가 망하게 돼 있습니다.

아시다시피 외환위기 땐 살벌했습니다. 국가부도란 걸 처음 겪어보는 거잖아요. 대기업들이 나가떨어지고 그러다보니 중소기업들도 줄줄이 부도가 나고…… 실직자가 얼마나 많았습니까? 부동산에 급매물이 쏟아지고, 온 나라가 난리도 아니었지요.

아내와 머리를 맞대고 심사숙고했습니다. 최악의 경우를 생각해

배수진을 치기로 했지요. 살던 집을 부동산에 내놨습니다. 아이들은 금산으로 내려보내고 아내와 저는 단칸방으로 옮길 작정이었어요. 처음 서울에 올라왔을 때로 다시 돌아가는 거였지요. 그때 직원이 40명 정도로 늘어나 있었는데 직원들을 다 모아놓고 상황을 설명했습니다.

"아시다시피 지금 나라가 이렇습니다. 우리 회사는 일거리가 쌓였지만 은행이 부도가 나서 어음이 묶여버렸어요. 얼마 못 버티고 현금유동성이 나빠질 겁니다. 그래도 끝까지 일합시다. 절대 공장문 닫지 말고 버팁시다. 집을 팔아서라도 월급은 드리겠습니다. 최악의 경우에라도 밥은 안 굶기겠습니다. 월급을 못 주게 되면 쌀로 대신 드리지요. 그러니 걱정 마시고 더 열심히 합시다. 이 위기를 견뎌내면 우리 회사도 더 커질 겁니다. 그간 보셨잖습니까? 여기서 쓰러질 박도봉이 아니고 케이피티가 아닙니다."

그렇게 배수진을 쳤지만 조만간 은행 문제를 해결 못하면 다른 기업들처럼 빈손으로 나가떨어질 판이었어요. 그렇게 먼 길을 달려왔건만 창업 10년째 들어 제자리로 돌아온 셈이었지요.

■ 등산을 하다보면 큰 산이나 숲에서 길을 잃고 환상방황環狀彷徨을 할 때가 있다잖아요. 눈비가 올 때나 안개 낄 때 주로 그러는데, 자기는 목적하는 방향으로 가고 있다고 생각하지만 방향감각을 잃고 한 지점을 중심으로 원을 그리며 맴돌게 된답니다. 맞습니까? 의도치는 않았지만 회장님 상

황이 꼭 그랬던 것 같습니다.

■ 그래요. 1998년 6월에 한미은행(현 한국씨티은행)이 부채 외의 자산 인수를 조건으로 경기은행을 합병했습니다. 우리 회사의 주거래 은행이 바뀐 겁니다. 은행이 여신심의위원회를 열어 거래업체 선별작업에 들어갔습니다. 1년 내 부도가 날 회사는 자산관리공사가, 1년 이상 버틸 만한 기업은 은행이 회생작업을 진행한다는 방침이었지요. 기다리는 동안 입이 바싹바싹 탔습니다. 매일같이 밤잠을 설쳤습니다.

'내가 아무리 잘해도 대외환경이 변하면 기업은 한 번에 가는구나. 이번에 망하면 정말 다시 일어서기 어렵겠구나. 이래서 사람들이 때를 잘 만나야 한다고 하는구나······'

오만가지 생각을 달렸습니다. 내 회사가 아무리 잘해도 대외 여건이 나쁘면 별수가 없어요. 기업가들이 말하는 시운이라는 게 있는 건 확실한데 무슨 수로 흉할 때를 피하고 길한 때를 잡는단 말인가 싶었습니다.

드디어 은행에서 연락이 왔는데, 여신심의위원회에서 한시적으로 어음할인을 해주겠다는 겁니다. 당장 급한 불은 껐지요. 다음 수순은 영업을 강화해서 자금을 돌리는 일이었습니다. 대기업을 다시 공략했어요. 당시 원·달러 환율이 2,000원대까지 치솟아서 수입 부품을 들여오던 업체들이 고전을 했거든요. 우리 회사는 외환위기 이전부터 차근차근 수입대체 기술을 갖춰왔으니까 지금이 기회라고 확신했습니다. 가격 경쟁 면에서 우리 회사가 훨씬 유리해진 겁니다. 벌써 국내 최초로 수입품을 대체할 열처리 신기술을 개발해놨는데, 전에는 대기업들이 알아주지 않았잖습니까? 진공 열처리, 진공 가스질화처리, 플라스마 질화처리 기술 같은 것들 말입니다. 그걸 지금 부각시키면 먹히겠다는 확신이 들었습니다. 자동차 부품, 반도체 같은 전자 부품, 특수공구강, 금형강 업체들을 부지런히 쫓아다녔습니다. 이들 업체도 발을 동동 구르긴 마찬가지였어요.

예상이 적중했습니다. 대기업 부품구매 담당자들이 원가를 절감하려고 사방으로 손을 뻗치던 시절이었습니다. 전에는 안중에도 없더니 저를 반겨주더라고요. 수입품에 비해 반값도 안 되는 가격에 품질은 더 좋다는 평이 나왔습니다. 우리 회사는 그때 이미 정부(산업자원부) 쪽에서 벤처기업이자 기술경쟁력 우수기업으로 지정받았고, 국내 열처리 경진대회에서도 대상(1998)을 받았습니다. 기술력을 확실히 인정받은 셈이었지요.

"제품이 이렇게 좋은데 왜 진작 어필하지 않았습니까? 당장 계약합시다!"

대기업 부품구매 담당자들이 다들 똑같이 말했어요. 제가 어필하지 않았던 게 아니었잖아요, 그 사람들이 안 들었던 거지. 상황이 역전된 거죠.

현대자동차(후드용 가스리프트 부품), 기아특수강(크랭크샤프트, 캠샤프트) 같은 굴지의 회사들과 거래를 텄습니다. 드디어 대기업에 납품할 수 있게 된 겁니다. 얼마 있다 주문이 폭주했습니다. 문을 닫느니 마느니 하던 차에 1999년 연매출 증가율이 60퍼센트가 다 됐어요. 말 그대로 극적인 반전이었지요.

■ 환상방황에서 벗어나 도약하게 되었군요. '위기가 기회'란 말이 딱 들어맞습니다. 차근차근 준비해오셨으니까 가능했지만요. 외환위기 때 쓰러진 기업들이 부지기수인데 정말 멋지게 극복하셨네요. 아니, 행운으로 바꿔내셨네요.

■ 배수진을 쳤던 게 통했습니다. 최악의 사태에 대비했지만 우리 아이들은 금산에 내려가지 않아도 되었고, 집도 팔지 않아도 됐고요. 직원들 월급도 밀리지 않고 줬습니다. 그 뒤로 우리 회사는 1999년 ISO(국제표준화기구) 9001 인증을 따내고, 2000년 산업자원부 부품소재기술개발기업으로 선정되었습니다. 국내 금속, 금형 열처리업체 중 선두가 된 거죠.

그 무렵 자부심 가질 만한 에피소드가 하나 있습니다. 국방부의 민군民軍 겸용 기술개발 사업에 우리 케이피티가 참여했습니다. 탱크나 자주포 같은 포신砲身의 내마모성과 명중률을 향상시키고,

포신의 툴라이프 tool life (공구 수명)를 늘리는 과제였습니다. 경쟁 상대가 국방과학기술연구소(ADD)와 원자력연구소 컨소시엄이었어요. 우리같이 작은 회사로는 누가 봐도 게임이 안 되었지요. 그 경쟁에서 우리가 이겼습니다. 플라스마 질화라는 선진기술 덕분이었어요. 작아도 우리한테는 신기술이 있었고 상대는 없었던 겁니다.

당시 나와 박상우 연구소장은 유럽 출장 중이었습니다. 그때는 해외로밍이 잘 안 되던 시절이라 기술개발사업팀이 수소문해 우리가 묵고 있는 호텔로 전화를 걸어 소식을 알려왔지요. R&D의 힘을 다시 한 번 실감하는 순간이었습니다.

3D업종이고 그것도 작은 열처리업체일 뿐이지만 우리가 대한민국에 새로운 획을 하나 그은 겁니다. 저는 남들이 못하는 기술을 가능하다고 했고, 그러는 와중에 뻥친다는 소리도 많이 들었어요. 매너리즘은 사무실 책상머리에만 있는 게 아닙니다. 똑같이 현장에 있어도 촉을 세우지 않으면 뒤처집니다.

2002년에 회사를 코스닥에 상장시켰습니다. 드디어 상장회사 오너가 된 겁니다.

■ 소년 시절에 꾸었던 꿈을 드디어 이루셨습니다. 그야말로 낮은 땅바닥에서 몸을 일으켜, 작은 빨판을 벽돌에 붙여가며 야금야금 벽을 덮어 나가다가 마침내 그 벽을 타넘는 담쟁이넝쿨의 승리가 아닌가 싶군요.

한 번도 뒤돌아보지 않는다

자일도 해머도 안전벨트도 없다

한 발 한 발 내딛는 무쇠다리

박쥐같이 거머쥐는 손아귀

쉬지 않고 온몸으로 암벽을 기어오른다

간혹 마주치는 비바람의 성화에도

배를 지키는 선장처럼 균형을 잡는다

스스로 길을 내고 또 내며

깎아지른 절벽 틈새

발밑부터 새롭게 시작한다

더 높이, 더 멀리

지칠 줄 모르고 길을 잡는

저 푸른 등뼈

_이금주, 〈담쟁이〉*

● 이금주, 《혹시! 거기 있나요》(시평사, 2012).

마이스터 정신과 히든챔피언들의 구조

■ 정리하자면 불굴의 의지와 벤처 마인드, 한솥밥 먹는 가족의 협력, R&D
의 성과군요. 특히 영세업체가 버텨내기도 힘겨운 상황에서 R&D에 매진
한 것은 독특합니다.

■ 아까 사업은 만남이라고 했지요. 특히 R&D는 혼자서 할 수 있는
게 아닙니다. 상고 출신인 제가 연구를 해봐야 얼마나 하겠습니
까. 현장에서 개선책을 계속 고민해왔다고 해야 옳지요. 우리보
다 기술이 앞선 일본과 독일 기업을 배우려고 수시로 탐방했어
요. 별의별 수단을 다 동원했습니다. 아까 은퇴한 일본 기술자를
초빙했다고 했지요? 그뿐만이 아니에요. 일본이나 독일이나 자기
들 기술을 보여주고 싶겠습니까? 공장을 방문할 때마다 직원들
하고 미리 역할을 나눠서 설비와 공정 과정을 눈으로 사진 찍었
어요. 끝나면 숙소로 돌아와 맞춰봤지요. 수백 년을 이어온 마이
스터 정신과 히든챔피언들의 구조를 배우려고요. 우리나라 중소

기업들은 한 10년쯤 버티면 오래 버티는 거죠. 기술개발에 뒤지고 기업 구조도 비효율적이어서……

우리처럼 작은 회사가 언제 돈이 될지도 모르는 R&D를 한다고 해외출장을 다니는 게 말처럼 쉬운 일이 아니에요. 비행기는 당연히 이코노미 탔고, 그것도 직항도 아니었어요. 일본이나 홍콩 쪽으로 돌아서 유럽으로 가는 저가항공이었죠. 숙소는 독일말로 '치머Zimmer'라는 델 갔는데 우리나라로 치면 여인숙이죠. 한 방에 한두 명씩 자고 공동 화장실에 공동 샤워실에…… 유럽에서는 유로패스로 이동했고요. 한국에서 유로패스를 끊어 가면 가격도 싸고 1등칸도 탈 수 있었어요. 프랑스에서 업무를 보고 야간에 유로패스로 북유럽 쪽으로 갈 때 편했죠. 거기서 숙식을 해결했으니까. 비용도 아끼고 시간도 아낀다고 그랬죠.

1997년 봄에 직원들이랑 오스트리아 열처리 기계 전시장에 간 적이 있습니다. 거기서 '루빅LuBich'이라는 독일 회사의 사장을 만났어요. 플라스마 질화를 만드는 업체인데, 거기 사장하고 가스질화가 연질화와 경질화가 가능하다, 아니다를 놓고 토론이 붙었어요. 저야 현장에서 잔뼈가 굵으니까 얼마든지 가능하고 했고 그쪽은 아니라고 했어요. 논문이나 학술 잡지를 보고 한 말이죠. 나중에 우리 회사에 플라스마 질화 장치를 설치하고 나서 루빅 사장이 회사로 온 적이 있어요. 자기 두 눈으로 가스질화가 연질화, 경질화가 모두 된다는 걸 확인하더니 굉장히 놀라더라고요. 현장기술은 논문이나 학술 잡지와는 분명히 다릅니다. 그걸 증명한 거죠.

우리 연구소 박상우 소장을 그때 만났어요. 우리가 토론하는 걸 보고 있었던 모양이에요. 박소장은 플라스마 질화를 개발할 때 필요한 기술을 소개하려고 참석했고, 저는 그 기술을 도입하려는 입장이었지요.

"아니, 직원이 스무 명도 안 된다면서 유럽으로 여럿이 출장을 다녀요? 게다가 플라스마 질화를 자체개발했다고요? 친환경 건식 방법으로?"

박상우 소장이 그때 박사후 과정을 밟고 있었어요. 성격도 좋아 보였고 한눈에 우리 회사 연구소장에 적임자라고 알아봤지요. 그 자리에서 바로 설득했습니다. 하지만 전도유망한 젊은 엘리트가 대기업 연구소도 아니고 우리같이 영세한 구멍가게에 오고 싶겠습니까? 나는 맨손으로 시작해서 여기까지 왔다, 앞으로는 회사를 이렇게 키울 거다, 작은 회사를 같이 키워가는 재미가 얼마나 큰지 모를 거다, 하면서 계속 설득했지요.

"우리는 아무리 어려워도 R&D에 투자하는 돈은 아끼지 않습니다. 당장 성과가 안 나오더라도 나중에 어떤 식으로든 꼭 보상받는다는 걸 아니까요. 100개를 개발해 한두 개만 사업화에 성공해도 돼요. 나랑 손잡고 일 한번 내봅시다. 유럽 기업들을 부러워만 할 게 아니라 우리 회사를 키워봐요."

내가 하도 집요하게 하니까 그때 박소장이 마지못해 절반쯤 승낙을 했어요. 한 3개월이나 6개월쯤만 도와주겠다고. 그래서 그해 7월에 우리 회사 연구소 소장으로 입사했습니다. 박소장이 들어오고 나서부터 연구에 불이 확 붙었어요. 틈틈이 유럽으로 날아가서 벤치마킹도 하고. 그 박상우 소장이 지금 우리 그룹 부사장이에요. 석 달이 20년이 되었죠. 뜻이 통하면 가족이나 다름없어요.

플라스마 질화를 도입할 때 장비 운송이 골치였어요. 다들 운송비 절감한다고 배편으로 수입할 때였습니다. 그러면 두 달쯤 걸렸어요. 저는 비싸도 항공편으로 들여왔어요. 장비 사이즈가 커서 비행기 카고에 안 들어가서 둘로 나눠 실었지요. 번개처럼 잽싸게 설비를 마쳤습니다. 신기술은 시간이 돈이에요. 실제로 신제품을 빨리 만들어내야 매출이 오릅니다. 비싼 운송비 같은 건 바로 빠지게 됩니다.

그때쯤에 대우자동차의 가스스프링 로드도 개발했어요. SUV 차량에는 다 장착돼 있는 겁니다. 그 후 나노 피브이드 다이아몬드 라이코팅 같은 기술개발 단계를 거쳤습니다.

이렇게 쉼 없이 기술개발하고 그걸 현장에 접목해서 매출을 올린 겁니다. 그게 오늘의 우리 알루코그룹을 있게 한 원동력입니다.

대기업은 상전이 아니다

■ 회장님의 경영 방식을 정리하자면 현장 경험 중심의 오픈마인드 리더십
이네요. 그렇게 해서 창업한 지 14년 만에 상장회사 오너가 되셨군요. 꿈
꿔왔던 일이라 감회가 남다르셨겠습니다. 흙수저 시골 청년이 어엿한 기
업가가 되셨으니까. 지금 조달도 이제는 주식시장에서 할 수 있게 되었고
요. 3D업종 벤처기업을 코스닥에 상장시키는 일이 그렇게 쉽지는 않았을
것 같은데요. 심사기준이 까다롭지는 않았습니까?

■ 우리가 대한민국 최초로 열처리업체를 코스닥에 등록시켰어요.
배당실적, 부채비율, 신용평점 두루두루 심사를 받았습니다. 원래
코스닥에는 2000년에 일찌감치 상장시키려고 했었습니다. 영국
열처리 회사 바디코트Bodycote에 지분을 팔면 가능했습니다. 당
시 바디코트는 열처리 관련 업체만 150개 정도를 인수합병(M&A)
하고 있었는데, 그 회사와 합작사를 만들면 어렵지 않게 상장할
수 있었어요. 그런데 계약 바로 직전에 한국 중소기업의 재무제

표를 믿을 수 없다며 투자를 못하겠다는 겁니다. 재무제표 때문에 무산된 겁니다. 그래서 이번에는 독자적으로 상장 준비를 했어요. 재무제표를 투명하게 만들려고 2년 가까이 면밀히 준비했습니다. 재무제표를 직원들에게도 공개하고요. 말 그대로 투명경영을 한 거죠.

코스닥 등록 준비는 보통 컨설팅 회사를 통합니다. 우리도 몇몇 컨설팅 회사들을 만나봤는데, 우리 업종 특성과 성과물을 잘 이해하지 못하더군요. 손사래부터 쳤습니다. 발전 가능성이 불투명해서 등록이 어렵다는 겁니다. 사실이 그렇긴 했습니다. 지금까지의 성과도 중요하지만 미래가치도 평가받아야 하니까. 향후 5년, 10년간의 매출 추이를 연도별로 기술하고 아이템별로 세분화해서 예상매출액을 만들라고 하더라고요. 거기에 수요기업의 확인서까지 첨부하고. 그런데 어느 거래처가 '앞으로 너희 회사 제품을 이만큼 써줄 계획이다' 하고 공식적으로 문서화해주겠습니까? 그래도 어쩔 수 없으니까 거래처를 찾아갔어요. 가스스프링 로드를 제작하는 H기업이었는데, 처음에는 당연히 거절했습니다. 그래도 우리 기술력과 단가경쟁력은 손꼽히니까 밀어붙였어요. 그건 인정해주더라고요. 그렇다면 미래가치도 인정해줘야 하는 것 아니냐고 끝까지 설득했지요. 그렇게 한 장, 두 장 확인서를 받다가 스무 장을 다 받아냈어요.

서류를 다 갖추는 게 큰일입디다. 진짜 힘들게 제출했어요. 그리고 금융감독원 결과를 기다리는데······ 코스닥에 상장하려고 누군가의 뒷배를 바란 적이 없습니다. 그저 사람들이 꺼리는 제조업이라는 이유만으로 불이익을 당하는 일은 없게 해달라고만 빌었지요. 아침 일찍 출근해서 전 사원이 온통 전화벨 소리에만 집중했어요. 급기야 연락을 받았는데, 내년에 다시 심사받으라는 달랑 한마디였어요. 담당자 말이 너무 차갑게 들리더군요. 낙담했습니다.

코 빠뜨리고 앉아 있는 아내랑 임직원들 등을 두드려줬지요. 다들 너무 애를 태워서 심신이 지쳐 있었어요. 저도 좀 쉬어야겠다며 회사를 나왔습니다. 차를 몰고 바닷가로 갔어요. 포구에 배도 있고 썰물 때라 갯벌이 보이는데, 물이 없어서 배는 못 띄우겠구나 싶은 생각이 들었어요. 꼭 우리 회사 상황 같더라고요. 조건은 다 갖췄는데 물이 들어오지 않아 바다로 출항을 못하는······

'기다리자. 기다리면 곧 밀물이 들어올 거고 그때 힘차게 출항하자······'

저녁식사할 무렵 전화가 왔습니다.

"축하드립니다. 방금 코스닥 등록이 결정됐어요. 보완할 서류가 더 있으니 바로 제출해주세요."

담당자가 아까까지만 해도 탈락이라더니 재심해서 등록해주기로 했다는 겁니다. 쾌재를 부르며 곧장 회사로 달려가 서류를 준비했습니다.

그렇게 2002년 4월 25일, 코스닥에 상장되었습니다. 전국에 우리 회사보다 훨씬 오래된 열처리 회사도 많았는데 우리 회사가 제1호로 상장된 겁니다. 저한테 처음 열처리업의 매력을 알려준 S열처리의 김대표님도 그렇고, 저를 창원으로 발령 냈던 H열처리나 첫 직장 K열처리도, 창업하고 나서 간판 달 자리를 빌려준 선배 회사도 아직까지 상장사가 되지 못했습니다.

■ 뭣 모르고 뛰어들었다가 열처리업계에서 일을 내셨습니다. 비전공 후발주자가 짧은 기간에 선두주자들을 모두 제치셨어요. 연구개발을 중요시한 벤처정신이 큰 역할을 했다고 봅니다. 밀려드는 일거리를 붙들고 납품만 했다면 그런 고지에는 절대 못 올랐을 겁니다. 한국경제가 발 빠른 추격자로는 최우등생인데 혁신과 창조경제에서는 한참 뒤처집니다. 전문가들은 지금이라도 벤처정신으로 무장하지 않으면 미래가 없다고들 진단하고요. 정체된 우리 산업계에 회장님처럼 벤처 유전자를 주사할 방법은 없습니까?

■ 한국경제 구조가 크게 변하고 있어요. 흥미로운 분야의 벤처기업도 많이 생겨나고요. 중국이나 일본에는 못 미치지만 창업 여건도 점점 좋아지고 있고, 매출액도 매년 15퍼센트나 성장하고 있습니다. 곧 대기업 중심 경제 구조가 바뀔 겁니다.
한국 대기업들이 그간 이룬 업적은 거의 기적입니다. 한국경제는 대기업 중심으로 커왔어요. 하청기업들이 대기업을 모시며 성장해온 구조죠. 저는 처음부터 관계 설정을 달리했습니다. 대기업은 상전이 아닙니다. 중소기업과 벤처기업의 일등 시장입니다. 발품을 팔고 R&D에 투자해 품질 좋고 값싼 제품을 만들어 '내 물건 한번 써보시오' 하고 샘플을 내놨습니다. 써보니 대기업 입장에서 안 쓸 이유가 없잖아요. 그렇게 실력을 인정받고 상생관계가 된 겁니다. 우리 그룹이 이만큼 큰 것도 대기업과 협력업체가 됐기 때문이에요. 지금은 한국 대기업뿐 아니라 다국적 기업들과도 상생관계를 맺고 있어요. 100개를 개발해 한두 개만 사업화에 성공해서 대박을 터뜨리면 됩니다. 'R&D 주권'은 누구나 갖고 있어요. 그걸 제대로 활용하면 서로 윈윈할 수 있습니다. 그런데 우리나라 중소기업의 70퍼센트가 스스로 R&D 주권을 포기했어요. 대기업이 시키는 대로 만들어 납품하는 수준입니다. 대기업이 개발해놓은 걸 편하게 받아먹으려고만 해요. 그렇게 무임승차하려니 '빽'이 필요하고 상전 모시듯 절절 맬 수밖에 없죠. 그래서는 기업이 절대로 오래 못 갑니다.

딥마인드DeepMind 있잖아요, 알파고로 유명해진. 그게 2010년에 영국에서 창업한 작은 벤처 회사였는데 2014년에 구글이 4억 달러(약 4,800억 원)에 인수했어요. 세계적인 대기업들은 유망한 벤처기업과 인수합병해서 새로운 성장 동력을 얻는 겁니다. 마이크로소프트나 제너럴일렉트릭General Electric도 마찬가지예요. 한국 대기업들도 그래야만 합니다. 기술자를 빼가거나 기술을 베낄 게 아니라 신기술을 가진 벤처기업을 적극적으로 인수합병해야 해요. 그래서 신성장의 돌파구를 찾아야 합니다.

사실 100대 기업 사내유보금이 세간에 알려진 것처럼 600조 원이나 되는 건 아닙니다. 사내유보금이라니까 회사 금고에 현금을 쌓아둔 줄 알지만 그게 그렇지가 않습니다. 그 돈에서 공장 짓고 설비 갖추는 비용을 빼면 대폭 줄어들지요. 현금으로 보유하고 있는 자산은 반의반도 안 됩니다. 그렇더라도 가능성 큰 벤처기업에 투자하는 건 절대적으로 필요합니다. 안 그러면 이렇게 정체된 한국경제에 성장 동력이 없어요. 대기업이나 벤처기업이나 둘 다 버텨낼 수가 없습니다.

새우가 고래를 삼키는 법

■ 성장 잠재력이 큰 신생기업은 당연히 확장을 하려고 합니다. 코스닥에 등록하고 나면 보통 인수합병을 생각하잖아요. 회사의 미래가치를 보고 양질의 투자자금이 들어온다고 알고 있습니다.

■ 저는 동양강철 소속사 '도스템'을 인수할 계획이었습니다. 이런 압출업체를 가지면 케이피티에서 개발한 신제품을 생산할 수 있었어요. 그러면 회사가 다시 한 단계 커질 거라고 생각했습니다. 공들여 입찰에 참여했는데 2억 원 가까운 근소한 차이로 실패했어요. 앉은 자리에서 그냥 소금 기둥처럼 굳어버렸습니다. 무려 4시간 동안이나 그렇게 꼼짝도 안 하고 앉아 있었습니다. 2억 원만 더 써냈으면 됐겠지만 어차피 그럴 여유는 없었습니다. 최선을 다해도 안 되는 일이었지요.

돌이켜보면 지금껏 가진 역량을 최대한 발휘하며 살아온 것 같습니다. 부족한 점도 많지만 최선을 다했고, 어려워도 원하던 바를 얻어냈고, 그걸 더 크게 키워냈습니다. 사람들은 보통 그런 저를 무모하다고 해요. 하지만 제 입장에서는 무모할 게 없습니다. 집요하게 준비해온 일이니까요. 그리고 실제로 곧잘 해내왔고요. 그런데 이번엔 아니었습니다. 좀 더 탄탄해질 필요가 있겠다는 생각이 들었지요. 다시 시작해야겠다고 마음을 다잡았어요. 준비하면 기회는 또 옵니다. 전보다 더 좋은 기회가 오기도 하고요. 벤처기업은 그런 기회를 만나면서 크는 거지요.

■ 동양강철은 어떻게 합병하게 된 겁니까?

■ 한계에 봉착한 중견기업과 벤처가 결합해 성공한 사례가 많잖아요. 우리 회사부터가 그 좋은 예지요. 동양강철은 1956년에 설립돼서 철제가구와 알루미늄 압출 제품을 생산해왔어요. 업계를 대표하는 중견기업이었죠. 그러다 외환위기 때 힘들어져서 법정관리에 들어갔고 2002년 4월에 상장폐지됐습니다. 해외에서 원료를 수입하는 업체다보니까 외환위기 때 환율 부담을 못 견디고 쓰러진 거지요.

우리 회사하고는 2000년 초부터 인연이 있었어요. 당시 동양강철은 일본에서 열처리한 부품을 들여왔는데, 가격도 비싸고 물량 확보도 쉽지 않았어요. 법정관리를 받고 있는 기업이 그렇게 해서 잘 돌아가겠습니까? 저는 일본의 3분의 1 가격에 똑같은 품질로 납품할 수 있다고 제시했습니다. 적자에 허덕이고 있었으니 동양강철로서는 마다할 이유가 없었지요. 얼마쯤 써보더니 정말 좋다며 전체 물량을 주문했어요. 거래가 많아지고 법정관리 기간이 길어지면서 산하 공장 '도스템'을 내놨다는 사실도 알게 되었던 겁니다. 구조조정의 일환으로요. 앞서 말씀드린 것처럼 저는 곧바로 입찰에 응했고 고배를 마셨던 거죠.

쓸쓸했습니다. 입찰에 실패한 날, 증권사에 다니던 친구랑 저녁 약속이 있어서 이동하는데 마침 동양강철 옛 사주한테서 전화가 걸려왔습니다.

"박사장님, 입찰에서 떨어졌다는 소식 들었습니다. 낙심할 게 아니라 아예 본사를 사가시면 어떻습니까? 그 기술력과 추진력이면 어려울 것도 없어요."

생각지도 못한 제안이었습니다. 고작 10분의 1 크기의 케이피티가 어떻게 거대한 동양강철을 먹겠냐 싶었어요. 상장되었다고는 해도 케이피티는 매출액이 100억 원밖에 안 되는 작은 회사였습니다. 그런데 그날 저녁에 만난 증권사 친구 얘기를 들어보니 인수가 가능할 것도 같았습니다. 문제는 인수 뒤 활로였지요. 망한 회사는 수백 가지 이유가 있습니다. 그걸 해결해야 살려낼 수 있습니다. 안 그러면 둘 다 어려워져요.

캐나다의 세계적인 알루미늄 기업이 동양강철에 눈독을 들인 적이 있었습니다. 15억 원을 들여 실사단 100명을 보냈는데 결국 포기하고 돌아갔어요. 사업 구조가 문제였습니다. '동양 아루샷시'라는 알루미늄 창호에 전적으로 의존하는 구조였어요. 건설 경기에 따라 심하게 휘둘릴 수 있어 불안하다고 결론을 내렸던 겁니다.

이때도 R&D를 중시하는 우리 회사 전략이 저력을 발휘했습니다. 직원들하고 수시로 유럽 쪽 압출 공장들을 견학해왔던 터라 트렌드에 밝았습니다. 유럽의 건설 경기가 나빠지자 건축자재로 쓰던 알루미늄을 산업용재로 바꾸고 있었던 겁니다. 알루미늄새시 같은 건축자재 주력 상품을 산업용으로 다각화하면 승산이 있겠다 판단했습니다. 우리 회사 연구소에서는 벌써 그런 시도를 해오고 있었고요. 이제부터 본격적으로 개발하면 되겠다 싶어 인수전에 뛰어들었습니다.

마침 세종증권, KDB LS 기업구조조정조합 3호 컨소시엄이 구성돼 있었습니다. 저는 그 컨소시엄에 합류했습니다. 전 세계적으로 알루미늄이 어떻게 사용되는지 그 흐름을 읽으려고 유수의 알루미늄 업체들을 방문했습니다. 미국의 알코아Alcoa, 알칸Alcan, 코말코Comalco, 호주와 노르웨이의 하이드로Hydro 등을 찾아다니며 벤치마킹을 했습니다 그러다 2002년 말, 드디어 동양강철을 인수하기로 확정했지요.

'승자의 저주'를 피하려면

■ 고래가 새우를 삼키면 뉴스거리가 아니지만 반대의 경우는 사건입니다. 케이피티가 동양강철을 인수한 것이 새우가 고래를 삼킨 것이지요. 당시 언론과 기업계에서 크게 화제가 되었습니다.

■ 우려 반 기대 반이었습니다. 잘나가던 벤처기업이 덩치 큰 부실 기업을 인수했다가 감당을 못해서 다시 토해낸 사례가 많잖아요. 동반 부실화된 경우도 많고요. 규모의 경제가 지닌 양날의 칼인 셈입니다. 규모가 커지면 소요비용이 줄어들고 경쟁력이 확보되지만, 인수합병에 따른 과다한 지출로 모기업까지 쓰러질 수도 있으니까요.

■ '승자의 저주Winner's Curse'로군요. 경쟁에서는 이겼지만 승리를 위해 과도한 비용을 치러서 오히려 위험에 빠지거나 커다란 후유증을 겪는 상황입니다. 과유불급過猶不及이라는 말인데…… 물론 중용도 중요하지만 기업이

성장하려면 안정과 내실만 찾을 수는 없을 겁니다. 공격적인 확장도 필요합니다. 고래를 삼킨 새우가 배탈이 나지 않은 비결은 뭡니까?

■ 당시 동양강철은 거의 만신창이였어요. 공장 규모는 컸지만 생산성과 매출이 최악이었습니다. 그 상태로는 시장경쟁력이 없었어요. 당장 직원들 의식개혁과 강도 높은 구조조정이 필요하다고 판단했습니다. 법정관리로는 할 수 없는 일이었지요. 공장에서 숙식하며 개혁을 단행했습니다. 하지만 변화가 그렇게 생각만큼 쉽습니까? 직원들 의식개혁이 특히 더 어려웠습니다. 회사 경영진을 많이 불신했어요. 창업하고 50년 가까이 알루미늄새시 사업만 해왔으니까 산업용재로 전환하는 걸 꺼려했고요.

대전에 있는 동양강철 본사에 처음 출근했을 때, 직원들이 극도로 경계심을 보이더라고요. '구멍가게만 한 회사에서 온 저런 사람이 무슨 수로 이 부실 덩어리를 떠안고 갈 수 있을까. 적당히 생색내며 뒤로 빼먹다가 물러나겠지' 하는 눈치들이었습니다. 그 사이 부서와 직원들 간 신뢰도 금이 간 상태였습니다. 신뢰부터 회복시켜놔야 했습니다.

"우리 동양강철은 지금 침몰하고 있습니다. 발 빠르게 특단의 조치를 취하지 않으면 영영 회생 못합니다. 저는 구원투수가 아니에요. 끝까지 같이 죽고 같이 살려고 왔습니다. 그래서 과거와는 전혀 다르게 경영할 겁니다. 주력사업도 과감히 바꾸겠습니다.

그 일환으로 오늘부터 회사 경영에 관한 모든 것을 투명하게 공개하겠습니다. 만일 조금이라도 감추는 게 있다면 여러분이 나서서 폭로해주십시오."

직원들을 모아놓고 선언했지요. 그리고 바로 실천했습니다. 경영지표를 다 공개했어요. 전날의 생산 현황, 자금 현황, 장갑 하나의 구매단가까지요. 그래도 직원들은 별 기대가 없는 눈치더라고요. 회의적으로 보는 사람들이 더 많았습니다.

"큰돈은 다 뒤로 빼돌릴 거면서 쇼하고 있네. 곧 망할 회사를 왜 인수해. 알맹이 빼먹고 튀려는 거지 뭐."

노조 측에서는 비아냥거렸고요. 오랫동안 쌓인 적폐가 하루아침에 사라질 수는 없는 일이잖아요. 꿋꿋이 정도경영을 하기로 했습니다.

"오늘부터 아무리 어려워도 어음은 발행하지 않겠습니다. 아마도 제가 어음을 남발해서 할인하고 한몫 크게 챙겨서 튈 거라고 생각하시는 거 같은데, 잘 지켜보세요. 어음 발행하는 날 대표직을 사퇴하겠습니다."

그리고 그 약속을 끝까지 지켰습니다.

인수합병이 성공하고 말고는 사람한테 달렸어요. 인수합병이 실패하는 건 인수한 측이 점령군처럼 굴기 때문이에요. 군림하려고 들어서는 절대 신뢰가 쌓이지 않습니다.

조금씩 효과가 보이더라고요. 경영지표에 회사의 전체 상황도 공개했지만 직원 개개인의 생산성도 보이게 했거든요. 그게 자신이 회사에 어떤 부분을 기여하고 있고 어떻게 하면 개선할 수 있는지 스스로 알아서 인식하게 만들었지요. 그러다보니 다들 천천히 업무 방향을 잡아갔고 회사에 대한 신뢰도 쌓였지요.

바로 이럴 때 외부 자극이 필요했습니다. 저는 노조위원장한테 노조원들이랑 중국 쪽 알루미늄 압출 공장을 견학하자고 제안했어요. 기술을 배우려면 일본이나 유럽에 가야지 웬 중국이냐고 그러더라고요. R&D를 중시한다더니 후진국 가서 뭘 하자는 거냐고요.

"일단 가보세요. 중국 업체는 얼마만 한 규모에서 하루에 몇 톤을 생산하는지, 또 임금이 얼마인지 직접 확인해주세요. 다녀와서 다시 이야기합시다."

빠듯한 살림에 노조원 40명을 광저우로 보냈어요. 견학을 갔다 와서는 충격을 받았는지 난상토론을 벌이더군요. 그동안 안일하게 일해왔던 겁니다. 예상했던 바였어요. 중국의 제조업 기술이 후질 거라는 편견도 버렸습니다. 당시 중국은 우리나라와 거의 비슷한 수준의 제품을 10분의 1도 안 되는 인건비로 만들어냈거든요. 직원들이 스스로 위기감을 느꼈어요. '이렇게 가다간 모두 죽는다'는 인식이 퍼진 겁니다.

"여러분이 직접 보고 확인한 것처럼 건축용 자재로 중국과 경쟁해봐야 절대 승산이 없습니다. 우리는 고부가가치의 산업용 소재 부품을 만들어야 삽니다. 우리가 예전에 일본에서 배웠던 기술을 이제는 어쩔 수 없이 중국에 넘겨줘야 해요. 보셨다시피 중국은 이미 우리 꼬리에 바짝 붙어서 따라오고 있어요. 이제부터 우리는 새로운 제품에 도전해 선두주자가 되도록 합시다."

직원들 반응이 확실히 달라졌습니다. 중국에 다녀와서 자발적으로 일을 찾는 분위기가 생겨났어요. 경비 절감한다고 견학 보내지 않고 앉아서 설득했다면 절대 안 통했을 겁니다. 노조위원장하고 임직원들을 불러놓고 약속했습니다.

"해고는 절대 없습니다. 하지만 전환배치는 불가피합니다. 해고를 위한 전환배치가 아니니 안심하세요. 대신 업무 시스템화는 필요합니다. 불필요한 업무는 아웃소싱을 주고 관리자들은 영업부서 등으로 전환해서 체질 개선 작업을 하겠습니다."

저는 약속을 지켰고 노조도 반발 없이 잘 따라주었습니다.

"우리 대표님께서 노조위원장을 하셔야겠습니다."

그 무렵 노조위원장이 내게 한 말이랍니다.

벤처가 이겼다

━━━━━━━━

그때부터 본격적으로 경영정상화 작업에 들어갔습니다. 우선 금융기관이 갖고 있던 주식을 우리사주 형식으로 전환했습니다. 경영 독립성도 확보하고 직원들이 주인의식을 가지고 책임감 있게 일하게 할 수 있었지요. 우리 회사는 앞으로 성장할 일만 남았으니 우리사주를 사라고 설득했습니다. 지금은 비상장 주식이 됐지만 반드시 재상장시키겠다고 역설했지요. 만일 주가가 떨어져 팔겠다고 하면 원금과 이자까지 쳐서 되사주겠노라며 일일이 각서를 써주었습니다. 초강수였지요. 대표이사가 이렇게까지 나서니까 곧바로 사는 사람이 있는가 하면, 뭔가 꿍꿍이가 있을 거라며 안 산 직원도 있었습니다. 결국 물량은 직원들이 모두 매입해서 소진됐습니다. 그때 우리 사주를 산 직원들은 다 돈을 벌었어요. 몇천, 몇억까지 번 직원도 있었습니다.

직원들한테 대기업 마인드를 심어주려고 현대산업개발 사장을 지낸 심현영 전문경영인을 명예회장으로 영입했어요. 현대 모비스 김은태 전무를 대표로 영입하고요. 출근시간은 7시 30분으로 당겼습니다. 저랑 임원들은 주말도 출근했고요. 원격회의 시스템을 도입해서 매일 아침 8시에 국내외 어디서든 전 임원이 회의할 수 있게 했습니다.

건축자재 말고도 철이 들어가는 아이템이면 뭐든지 알루미늄으로 바꿀 수 있는지를 검토했습니다. 당시 동양강철은 연 3만 2,000톤을 생산할 수 있었어요. 철보다 강도는 세면서 가벼운 알루미늄 제품을 보유하고 있었지요. 2000년대 중반부터 벽걸이TV가 생산됐어요. 벽걸이TV 외형을 고정시키는 톱 top 섀시가 철제였거든요. 전자 회사들이 철제품을 납품받아 썼어요. 우리 회사 연구소는 철제보다 가볍고 성능 좋은 LCD·LED TV 내·외장용 알루미늄 제품화에 성공했습니다. 세계 최초였지요. 삼성전자와 공동 특허도 냈습니다. 동양강철이 산업용자재 기업으로 도약하는 시발점이었지요.

사실 LCD·LED TV용 알루미늄 압출기술은 크루즈 시장을 염두에 두고 개발했습니다. 크루즈가 배에 호텔 짓는 일이잖아요. 가볍게 만드는 게 관건이죠. 알루미늄 용접기술로 H빔을 만들어야 하는데 그게 보통 어려운 일이 아닙니다. 영국에 있는 연구소에서 로열티 주고 가져왔던 기술인데, 결국에는 LCD·LED 개발하는 데 유용하게 썼어요. 보세요, R&D를 이렇게 써먹습니다. 당장 못 써먹는다고 실패한 게 아닙니다.

자동차와 열차 부품도 알루미늄으로 만드는 데 성공했습니다. H자동차에 섀시모듈, 범퍼, 엔진 크래들 같은 부품도 공급하고 열차 프레임도 공급하게 됐어요. 무게가 가벼워지면서 차의 연비가 높아지니까 수요가 폭증했습니다. 이렇게 해서 주력사업 포트폴리오에 거대한 전환이 시작되었습니다.

2007년 6월 7일에 동양강철이 재상장됩니다. 상장폐지된 기업이 재상장된 게 한국증권거래소가 생기고 처음이었어요. 전년도 매출액이 2,027억 원, 순이익이 45억 원이었습니다. 동양강철이 완전히 정상화된 거죠. 믿고 일해준 직원들이 고맙더라고요.

■ 벤처정신과 R&D의 승리네요. 멋집니다. 아니, 통쾌합니다. 신영복 선생이 세상에서 가장 먼 여행은 세계일주도 우주여행도 아니고, 머리에서 가슴, 가슴에서 발로 이어지는 여정이라고 하셨습니다. '발'은 현장이고 실천이지요. 회장님은 누가 가르쳐주지 않아도 일찍이 그걸 알았습니다.

고등학생 때 상장회사 오너가 되겠다더니 꿈을 이루셨습니다. 코스닥에 케이피티를, 코스피에 알루코(2015년 '동양강철'에서 이름을 바꿈)를 상장시킨 최고 경영자가 되셨습니다. 28세에 창업해 올해로 만 28년간 회사를 경영하셨네요. 알루코가 올해 60주년을 맞았습니다. 회갑이군요. 올해를 제2의 창업 원년으로 삼겠다고 하셨는데, 가뜩이나 어려운 제조업 환경을 또 어떻게 돌파해나갈지 자못 궁금합니다.

■ 이제야 겨우 기본기를 튼튼하게 다졌다고 볼 수 있을 겁니다. 현대그룹 계열사였던 현대알루미늄, 고강알루미늄과 알루텍도 인수하게 되었습니다. 이후 논산에 스마트공장 설비를 갖추고 새로운 포트폴리오를 준비하고 있습니다. 친환경 알루미늄 산업으로 삶의 질을 높이고 싶어요. 베트남에 있는 현대알루미늄VINA 제1, 제2 공장은 우리 그룹이 세계로 뻗어가는 전진기지라고 볼 수 있습니다. 지금도 4,000명이 넘는 직원들이 최신설비를 24시간 풀가동하면서 일하고 있어요. 이제부터 본격적으로 도약해야지요.

—
162
—

전 轉.

세계가
나의 영토

돈이 알아서 나의 노예가 될 때

박도봉 회장의 초청으로 김종록 소장은 최근 베트남 하노이와 현지 공장에 세 차례 다녀왔다. 김소장은 박도봉 회장과 적지 않은 시간을 함께 보내며 베트남을 관심 있게 지켜봐왔다. 현장 취재한 내용과 거기서 진행한 이야기를 김종록 소장이 정리했다.

베트남은 멀리 있는 스승이자 이모 같은 나라다. 존재만으로도 교훈인 그 나라에서 나는 우리가 언젠가부터 내팽개치고 사는 부끄러움을 배운다. 부끄러움은 양심을 가진 인간만이 지닌 미덕이다. 그런데 요즘 대부분의 사람들은 돈이나 권력, 명예욕에 가려 부끄러움을 모르고 산다. 지금으로부터 불과 40~50년 전에 우리는 베트남 사람들에게 너무도 많은 무례와 죄를 범했다. 그런데도 진심으로 반성할 줄 모른다. 일본의 사죄를 요구하는 똑같은 마음으로 베트남을 보면 차마 민망해서 발을 들여놓기도 죄민스럽다. 하지만 베트남은 넉넉한 이모처럼 웃으며 품을 열어준다. 정작 자신은 가난하면서도, 멀리서 온 조카를 엄마의 마음으로 챙기는 이모처럼 웅숭깊다. 더 늦기 전에 우리는 그들의 아픔을 가족의 심정으로 끌어안고 달래줘야 한다.

나는 베트남에 지인들이 많다. 일찍부터 꿈의 엘도라도를 찾아 날아가 성공한 사업가들이다. 그들은 최고의 휴양도시 다낭과 하롱베이의 비경에다 밤 문화를 곁들여서 나를 초청하곤 한다. 하지만 나는 그 초청에 응할 수가 없었다. 인간의 기억은 잔인하다. 직접 가서 체험한 것도 아니고 어렸을 적 참전용사들에게 듣거나 책을 통해서 각인된 기억이건만, 그 기억들을 장례하지 않고서는 맘 편히 즐길 수 없을 것 같았다.

세계 경찰국가를 자청하는 미국은 자국의 이익을 위해 '통킹만 사건'을 꾸민다. 그리고 '반공 십자군 성전'이라는 허울로 베트남전쟁을 일으키는데 우리가 용병으로 참전했다. 다른 나라 전쟁의 가해자이자 동시에 수해자이기도 한 이 아이러니!

> "베트남 정부, 3억 달러 규모 삼성전자 R&D센터 설립 승인"
> "베트남 '빅씨Big C'에 목매는 이유… 롯데쇼핑 해외사업의 성공 돌파구"
> "현대건설, 베트남에 '한류건설' 조성"
> "대림C&S 베트남 진출 통해 도약… 업계 1위에서 글로벌기업으로"

"LG디스플레이, 베트남에 1,143억 원 규모 모듈 조립공장"

한국의 주요 투자 대상국이자 3대 교역 대상국으로 부상한 베트남 관련 한국 기업들의 최근 신문기사 타이틀이다. 베트남은 우리에게 기회의 땅으로 다가왔다. 우리나라는 베트남의 최대 투자국이기도 하다. 2016년 현재 총 4,000건이 넘게 투자됐으며 누적 투자액도 400억 달러나 되어 일본을 능가한다. 2015년 말, '한국·베트남 FTA(자유무역협정)'가 공식 발효되면서 해외 직접투자도 활발해 한국 기업들의 투자 진출이 가속화되고 있다. 개성공단 폐쇄로 생산공장을 잃은 입주 업체들도 대체투자 선호지역으로 베트남을 1순위로 꼽았고 이미 베트남을 방문, 투자환경을 조사했다.

현지에 진출하는 한국인의 연령층도 다양하다. 예전에는 중견사업가나 인생 2막을 꿈꾸는 40대 이상 중년들이 많이 진출했지만 최근에는 청년층으로 확산되고 있다. 2011년 김우중 전 대우그룹 회장이 글로벌 청년사업가 양성을 목표로 베트남에 개설한 GYBM(Global Young Business Manager) 프로그램은 한국 청년들에게 인기가 많다. 2016년까지 500명의 연수생이 배출된다고 한다.

박도봉 회장이 이끄는 알루코그룹도 일찍이 2007년, 베트남에 공장을 세웠다. 현대알루미늄VINA는 국내 제조업이 한계에 부딪혔다고 판단하고 그 돌파구로 설립한 해외경영 전진기지다. 하노이 인근 두 산업단지에 자리 잡은 공장들은 24시간 풀가동하고 있다. 이른바 베트남 드림을 이뤄낸 것이다.

인천국제공항에서 비행기를 타고 베트남 수도 하노이를 향해 5시간을 날아갔다. 하노이는 전통과 현대가 뒤범벅된 베트남의 수도다. 도로를 가득 메운 오토바이 행렬이 강렬한 첫인상을 남긴다. 수천, 수만 대의 오토바이들은 마치 회유하는 물고기 떼나 새 떼의 군무처럼 도로를 누빈다. 고층 건물마다 다국적기업들의 간판이 걸려 있다.

교육과 문화도시 하노이에서 동남쪽으로 자동차를 타고 40분 거리. 흥옌성 산업단지에 자리 잡은 현대알루미늄VINA는 10만 평방미터 규모의 깔끔한 스마트공장이다. 3,000명이 넘는 직원들이 밤낮을 가리지 않고 2교대로 일하는 작업현장이다. 이 공장 안에서 알루미늄 주조에서부터 금형으로 샘플 제작 실험, 완제품 생산까지 원스톱으로 해낸다. 생산직 베트남 사원 인건비는 한국의 10분의 1이다. 시간도 절약하고 원가경쟁력이 뛰어날 수밖에 없다.

공장장과 작업반장을 대동하고 넷이서 작업현장을 돌았다. 글로벌 가전업체들에 납품할 TV모니터 프레임에 색을 입히는 공정 라인을 꼼꼼히 점검한다.

그런데 TV 프레임 색상이 착색과정에서 아주 미세한 버블이 생겨 불량이 나고 있었다. 회장은 불량률을 낮추라고 지시하면 그만이다. 그런데 박도봉 회장은 팔을 걷어붙이고 직접 뜰채를 들고서 용액 위에 뜬 먼지거품을 걷어낸다. 작업반장이 달려와 뜰채를 빼앗아 대신 걷어낸다. 박회장은 언성을 높여 공장장에게 공정과정의 하자를 따져 묻는다. 공장장이 쩔쩔맨다. 쩌렁쩌렁한 호통이 터진다. 어느새 셔츠는 땀으로 범벅이다. 정작 생산라인 직원들은 땀을 흘리지 않는다. 에어컨과 대형 선풍기가 구비돼 있는 데다가 이미 미립을 얻은 단순 작업이었다. 공장장이나 작업반장도 멀쩡하다. 오직 회장이라는 사람만 땀을 뒤집어쓰고 있다. 꼼꼼히 체크하고 문제점을 찾아내 대책을 내놓느라 혼을 쏟기 때문이다. 그렇게 모든 공정과정을 바로잡고 나서야 다음 작업장으로 이동한다. 다음은 S사에 전량 납품하는 스마트폰 메탈 케이스 작업라인이다. 억대가 넘는 기계장비가 수백 대 설치돼 있다. 일일이 세심하게 점검한 다음, 비로소 작업장 밖으로 나오면서 땀을 닦는다.

높다랗게 자란 종려나무들 밑으로 벤치가 놓여 있다. 그 벤치에 앉아서 열대의 봄 하늘을 올려다본다. 끄느름하긴 하지만 한국과 달리 황사도, 미세먼지도 없다. 야적장에는 전봇대 절반 크기의 알루미늄 빌렛billet(둥근 막대기 모양으로 성형된 금속 주물)이 쌓여 있다. 개당 몇백만 원 하는 고가품으로 이곳 고로에서 생산한 것들이다. 오른편 이륜차 보관소에는 수천 대의 오토바이와 자전거가 세워져 있다. 베트남 직원들이 출퇴근용으로 이용한다. 자전거보다 오토바이가 더 많다. 베트남 가정에는 오토바이가 두 대 이상 있다. 오토바이가 없으면 직장에 출근할 수도 없고 아이들 학교도 보낼 수 없다. 부릉 하고 사라졌다가, 끽 소리와 함께 다시 나타나곤 하는 게 베트남 사람들이다. 중산층이 타는 오토바이는 한 대에 2,000달러가량 한다. 대졸자 초임이 500만 동(약 26만 5,000원) 정도니까 절반씩을 모은다 해도 1년 반 동안 벌어야 장만할 수 있다. 오토바이를 사고 자동차를 사기 위해 남녀를 불문하고 3D 업종에 서슴없이 뛰어들어 일한다. 베트남 젊은이들은 뚜렷한 목표 의식을 가지고 변해가고 있는 것이다.

■ 박회장님은 그리 땀이 많은 체질 같지 않던데 땀을 너무 많이 흘리셨습니다. 정작 직원들은 땀을 흘리지 않던데 열 받아서인가요? (웃음) 작업현장의 공정과정을 훤히 꿰뚫고 있는 공장장이나 박석봉 대표도 있는데 굳이 회장이 나서서 이렇게 직접 전 과정을 체크해야 합니까?

■ 아닙니다. 거의 전부 맡기는 편입니다. 여기 현대알루미늄VINA에는 박상우 연구소장도 파견을 나와서 부사장 직책을 겸임하고 있어요. 제가 나설 일이 별로 없지요. 불량품이 나오거나 문제가

생겼을 때, 신제품 개발할 때나 거드는 정도지요. 아까는 그냥 으레 하던 대로 하는 것 같아서 부러 진두지휘를 한 겁니다. 그렇게 하면 자극도 되고 실제로 많이 개선됩니다. 좀 더 신경 쓰면 불량률을 더 줄일 수 있어요. 전에도 말했지만 저는 열심히 하는 건 별로 탐탁지 않습니다. 제대로 해야지요.

그리고 이건 땀도 아닙니다. 방금 보셨지요? 이 무더위에 불꽃이 이글거리는 고로에서 일하는 기술자들은 땀을 바가지로 뒤집어씁니다. 꼭 처자식 먹여 살리려고 그런 것만은 아닙니다. 그 사람들은 자부심이 있어요. 자기만의 기술이 있으니까요. 저 역시 오랫동안 1,100도가 넘는 작업환경에서 땀 흘리며 일했어요. 현장 용어로 육수 좀 흘려봤지요. (웃음) 그래서 누구보다도 땀의 소중함을 잘 압니다.

■ 《그리스인 조르바*Vios ke politia tu Aleksi Zorba*》에 이런 대목이 나옵니다. "돈의 노예가 되지 말라. 땀의 노예가 되면 돈이 알아서 나의 노예가 된다." 인상 깊은 구절이라 수첩에 적어두었습니다. 나중에 영역본을 확인해보니까 이렇습니다. "내가 돈의 노예가 아니라 돈이 내 노예인 것. 나는 일의 노예이며 내가 처한 노예상태를 자랑으로 여기네I'm not a slave to money: money is my slave. I am a slave to work, and I'm proud of it." 이 책은 그리스의 국민작가 니코스 카잔차키스Nikos Kazantzakis가 1946년에 발표한 소설인데, 정작 지금 그리스는 청년실업률이 50퍼센트가 넘었답니다. 역사의 아이

러니가 아닌가 싶습니다.

■ 돈의 노예가 될 것인가, 땀의 노예가 될 것인가? 참 멋진 대비네요. 사람이 돈의 노예가 되면 늘 절절 매고 행복하지가 않아요. 또 돈에 매달린다고 돈을 잘 버는 것도 아닙니다. 돈은 벌어도 벌어도 항상 모자라고요. 그런데 땀을 흘리면 몸도 마음도 개운합니다. 땀 흘려본 사람은 다 압니다. 뼈마디 쑤시고 허리도 아프지만 생각이 맑아져요. 쉬고 나면 몸도 마음도 가뿐해집니다. 그래서 땀은 그 자체로 돈 이상의 값어치가 있습니다. 돈은 땀 흘리면 자연스럽게 따라오는 게 맞아요.

옛날부터 큰 부자는 하늘이 내리지만 작은 부자는 부지런함에 있다고 했습니다. 저 부지런하면 작은 부자는 얼마든지 될 수 있다는 거지요. 물론 노동착취나 '열정페이' 같은 건 사라져야지요. 예전에는 현장에 부당한 일도 많았지만 이제는 구조적으로 많이 개선됐어요. 그런데도 땀의 가치를 얕보는 풍토가 아직까지 남아 있어요. 땀 안 흘리고 한몫 잡아보려는 생각을 버려야 합니다. 그런 사람들을 부러워할 게 아니라 경멸하는 풍토가 돼야 옳지요.

■ '불한당不汗黨 같은 놈'이라는 욕이 있잖아요. 땀 안 흘리고 많이 가지려고 하는 무리들이 불한당이죠. 땀 안 흘리면 죽는 거니까 아주 큰 욕입니다.

■ 맞습니다. 불한당은 욕을 먹어 싸요. 열심히 하다보면 대박을 칠 수도 있겠지만 대박 자체를 추구해서는 될 일도 안 됩니다. 저는 요술 부리는 걸 싫어합니다.

그리스 얘기가 나왔으니 말인데요, 그리스 사람들은 놀기 좋아하고 독일 사람들은 일하기를 좋아한다고 하잖아요. 개미와 베짱이지요. 유럽이라고 다 잘사는 건 아닙니다. 독일이나 오스트리아, 노르웨이, 스위스, 스웨덴 같은 선진국이 많지만 그리스나 크로아티아, 스페인처럼 청년실업률이 40~50퍼센트나 되는 나라도 많습니다.

김소장님이 전에 '노동이 인간을 구원하지 못한다'고 했지요? 그럼 유희가 구원합니까? 그리고 '반反노동의 인문학'이라고 했나요? 저는 그런 고상한 건 잘 모릅니다만, 일하지 않으면 잘 놀 수도 없다는 건 확실히 압니다. 경제가 잘 굴러가야 문화도 제대로 발전하지요. 가난한 나라의 문화를 어느 나라가 받아들이겠습니까? 한류도 한국경제가 이만큼 발전했으니까 나온 거죠. 한국경제가 망가지면 한류도 죽습니다.

■ 그건 대략 맞는 말씀이지만 꼭 경제 부국이 아니더라도 문화선진국이 있을 수 있습니다. 제조업과 별개로 문화산업이 융성할 수도 있고요. 예술이나 인문학이 반노동, 친유희인 건 이해해줘야 합니다. 시인들을 보세요. 이렇다 할 경제활동을 하지 않고 대부분 '잉여인간'처럼 놀고먹으면서

지내요. 그렇다고 사회적 역할이 없는 건 아니죠. 시는 문화의 꽃이자 인간을 정화하는 문자향입니다. 예술 분야 종사자들 상당수가 자발적인 가난을 선택해요. 그래도 행복하다는데 어쩔 겁니까? 예술가나 인문학자들한테 굳이 경제적 풍요–정신적 황폐냐, 정신적 풍요–경제적 불편이냐를 선택하라고 한다면 아마 고민할 여지도 없이 후자를 선택할 겁니다.

■ 행복지수가 낮은 나라에서 용케도 행복한 사람들의 선택이니까 존중해야겠네요. 밥 못 먹고 살 만큼 가난한 건 아닐 테니까요.

현장에서 비로소 보이는 것들

─────────────

■ 평소 소년 같은 풍모인데 작업현장에서는 카리스마가 넘치시더군요. 아까 베트남 직원들과 섞여 있으니 별반 표가 안 났었는데 공정과정을 세심히 체크하고 문제점을 해결하는 모습이 인상 깊었습니다. 물 본 기러기, 꽃 본 나비처럼 현장에서 더 빛나는 경영자 타입 같습니다.

■ 저는 실용주의자예요. 현장 체질의 실무형 경영자이고요. 현장에 있어야 힘이 나고 아이디어가 샘솟습니다. 지금까지 이렇게 현장에서 직원들하고 부대끼면서 연구하고 개발도 했습니다. 현장에 나와야지만 보이는 것들이 있어요. 사무실에서는 절대 안 보이는 문제들이 현장에서는 고스란히 드러나고 해결의 실마리도 보입니다. 우리 회사 임원들 30퍼센트가 대학졸업장이 없는 현장 출신입니다. 나이가 들어 은퇴하거나 나중에 대학을 나와 비율이 줄어들고 있긴 하지만 다른 기업들 임원진과 비교하면 월등히 많습니다. 실력만 있으면 대학졸업장이 무슨 문젭니까. 현장 경험

많고, 업무추진력 있고, 회사에 충성하면 그게 대학졸업장이고 석사 박사 학위지요. 어당팔이 있고 취권이 있잖아요. 어수룩해 보여도 당수가 8단이고, 취해도 흐느적흐느적 잘만 피하고 급소를 골라 찔러요. (웃음)

■ 저와 30년 가까이 친형제처럼 지내는 분이 있는데요, 초등학교 졸업자인데도 평화대학 출신이라고 당당히 말하는 문화사업가입니다. 아름다운 청년 전태일 친구죠. 전태일이 평화시장에서 분신했을 때, 그 현장에 계셨답니다. 청계피복노조원장으로 활동하다가 지금은 전태일 기념사업과 장학재단 설립에 힘쓰고 있습니다. 얼마 전에는 장학금으로 1억 원을 기탁했습니다. 한 달에 80만 원씩 10년을 모은 돈이지요. 평화대학 출신 또한 분은 캄보디아에 학교 건물 지으라고 한국희망재단에 1억 원을 냈습니다. 온몸으로 땀 흘려본 사람들이 머리로 배우는 가치도 더 잘 아는 것 같습니다.

저는 글 쓰고 연구하느라 머리 좀 굴리며 살지만, 현장에서 땀 흘려 일하는 분들을 무조건 존경합니다. 이 현장 인문학 이야기를 진행하는 마음가짐도 남다르다고 할 수 있지요.

■ 김소장님이 전에 어느 유명한 정치학자를 인터뷰한 기사를 읽었는데 "머리 많이 굴리며 살지 말고, 발품 많이 팔며 살아야 바른 세상이 된다"는 대목이 기억에 남습니다. 인문학을 하는 사람들

이 그렇게 생각해줘서 고맙게 생각해요. 우리 같은 현장 사람들도 인문학을 깊이 있게 배우면서 현장에 적용해야 합니다. 반대로 인문학하는 사람들이나 예술가들도 현장 이야기를 실감나게 가미할 때, 설득력과 생명력을 얻을 수 있지 않을까요? 머리와 손발을 함께 써서 이론과 현장이 조화되어야지 효율도 높고 창의성도 커집니다.

낙타는 천리 밖에서도 물 냄새를 맡는다

■ 오늘 새벽에 공장 담 밖으로 크게 한 바퀴를 돌았습니다. 길 따라 열대수
목들이 쭉 늘어서 있는데 공원을 걷는 것처럼 상쾌하니 기분이 좋았습니
다. 한 30분 산책했는데 문득 서울 아차산성이나 충북 단양에 있는 온달
산성, 멀리 만주의 백암성이 떠올랐습니다. 고구려는 5세기 융창기가 지
나고 6세기 중후반 때쯤이면 주변국들의 압박에 시달립니다. 북으로는
돌궐과 북주, 북제가 침략해왔고 남으로는 신라(진흥왕)가 한강 하류를 차
지했지요. 이때 온달이라는 전쟁영웅이 출현합니다.

지금 한국 기업들은 원정대가 되어 앞다퉈 세계로 나가는 추세입니다. 베
트남에도 삼성이나 LG 같은 기업들이 많이 진출했고요. 그것 때문에 국
내 일자리가 줄어든다는 말도 있는데 달리 돌파구가 없습니까?

■ 한국은 제조업하기에 그리 좋은 나라가 아닙니다. 원자재가 없으
니까 밖에서 수입해 와서 재가공을 해야 하는데 인건비도 높잖아
요. 받는 입장에서는 언제나 부족한 게 임금이지만 다른 나라와

맞서서 경쟁력 있는 상품을 만들자면 이렇게 높은 임금으로는 승산이 없어요. 게다가 자원을 가진 나라들이 원자재 수출세를 높였습니다. 국내 제조업체들이 이중으로 고비용을 부담해야 하니까 살아남을 수가 있어야지요.

목재·합판 산업 쪽을 보면 쉽게 이해가 될 겁니다. 한국이 한때 목재·합판 산업 쪽에서는 경쟁력이 세계 최고였어요. 그러다가 인도네시아와 말레이시아가 원목을 수출하면서 수출세를 높인 겁니다. 그러니까 이쪽 산업이 고사되기 시작한 거예요. 자원 강국들이 한때는 원자재를 수출하면 장려금까지 주면서 수출을 권장했는데 지금은 정반대지요. 그러니 한국 제조업체들이 살아남으려면 해외로 나갈 수밖에 도리가 없어요.

제가 벤치마킹을 하려고 일본을 자주 다녔습니다. 일본이 '잃어버린 10년'이니 '잃어버린 20년'이니 하면서 불황이 길었잖습니까? 제가 당시 일본의 알루미늄업계에서 망한 기업과 살아남은 기업을 알아봤는데, 국내에서 버티고 있던 기업들은 거의 다 망했어요. 국내에 본사를 두고 태국에 진출한 기업은 살아남아 성장하고 있었고요. 원가 절감을 한 덕분입니다. 바로 이게 돌파구라는 확신이 들었습니다. 한국도 10년 내에 일본과 똑같은 상황이 올 게 뻔했습니다.

제조업체들이 해외로 나갔을 때 국내의 일자리 문제를 어떻게 풀어야 할까요. 일본과 독일의 예를 들어보겠습니다. 일본은 제조 업체들이 해외로 빠져나가면서 경제가 장기침체됐어요. 일본의 유력 가전업체 S사는 비싸도 팔린다며 연구개발을 하지 않고 안 이하게 대처하다 망했지요. 퇴화한 겁니다. 반대로 독일은 진화 했어요. 독일 제조업체들은 해외로 진출하면서 연구개발도 하고 마케팅도 강화하고 자국 내 조립산업도 육성했지요. 우리도 독일 과 같은 정책을 써서 해외 진출의 공백을 메우면 됩니다.

제조업은 국가경쟁력의 근간이에요. 선진국일수록 전자, 기계, 철 강 같은 제조업 경쟁력에 그 기반을 두고 있습니다. 중국, 인도 같은 신흥 개발국에 쫓길 것이 아니라 미국, 유럽이 가진 첨단기 술을 우리가 따라잡아야 합니다. 선진국은 우리나라보다 인건비 도 비싸고 조건도 여러 가지로 좋지 않은데, 어떤 제조업을 어떻 게 다루고 있는지 눈여겨봐야 해요. 알루미늄산업을 보자면 유럽 쪽 알루미늄 업체들은 벌써 수년 전부터 자동차 부품 같은 새로 운 시장을 개척해서 경쟁력을 확보해놓았습니다.

우리 알루코그룹은 베트남에 현대알루미늄VINA를 설립해서 국 제경쟁력을 확보했습니다. 한국에서 제품 하나를 만드는데 1,000원 이 들면, 베트남에서는 500원이 들어요. 그 둘을 합쳐서 나누면 750원 입니다. 이 정도면 세계시장에서 중국 제품을 상대로 겨뤄볼 만합 니다.

저는 해외로 진출하면서도 국내 일자리를 만들려고 고민하고 있습니다. 베트남 말고도 미국이나 유럽, 인도에도 계열사가 있는데 국내 일자리가 줄지는 않았습니다. 다른 특화사업을 해서 더 늘려갈 계획입니다.

2007년에 베트남에 공장을 세웠는데, 그전에 개성공단, 중국, 베트남 이렇게 세 나라를 놓고 저울질했습니다. 먼저 개성공단부터 검토했어요. 개성공단은 2003년 6월에 착공식을 하고 그다음 해부터 입주업체를 선정했습니다. 그 무렵엔 남북화해 분위기여서 금방 통일이라도 될 것 같았죠. 제가 두 번이나 현지답사를 다녀왔어요. 개성공단은 지리적으로도 가깝지만 노동력이 좋아요. 서로 말도 잘 통하잖아요. 북한 인건비는 중국이나 베트남만큼 싸지요. 그래도 정치적인 변수를 고려하지 않을 수 없었습니다. 북한은 체제의 불투명성이 최대의 걸림돌이었습니다. 남북관계가 악화되거나 예기치 못한 상황이 터지면 언제고 결정타를 맞을 여지가 있었습니다. 다른 인프라는 좋은데 정치적 리스크가 있으니까 회의적일 수밖에 없었지요. 더구나 당시 우리 회사로서는 인건비만큼이나 중요한 게 해외사업 교두보 마련이었습니다. 북한은 세계로 진출하는 교두보가 될 수 없었어요. 물건을 만들기는 쉽지만 거기서 그걸 세계시장에 팔기에는 너무 좋지 못한 여건이었습니다. 그래서 미련을 접었지요.

당시 한국의 중견·중소 기업은 해외사업의 교두보로 먼저 중국을 고려했습니다. 중국도 우리 기업을 적극적으로 유치하려고 했고요. 중국 쪽에서 먼저 수출기업한테 혜택을 준다며 중국 수출산업단지에 입주하라고 제안하더라고요. 그래서 수출산업단지를 답사해봤어요. 우리보다 여건이 좋긴 했지만 인건비 상승 추세와 인플레이션이 우려되었습니다.

그렇다면 좀 멀더라도 베트남이 낫지 않을까 싶었어요. 자료를 검토하고 현지답사를 했습니다. 그리고 베트남으로 결정했습니다. 베트남은 알루미늄 원료인 보크사이트 매장량이 55억 톤으로 세계 4위예요. 알루미늄 전문업체인 우리 회사로서는 매력적인 나라지요. 인구가 9,300만쯤 되는데 무엇보다도 젊은 나라인 게 매력이었지요. 한국 평균연령이 40.8세인데 베트남은 29세예요. 인구의 중심축에 있는 황금세대가 성장 잠재력이었습니다. 교육열도 높고 우리와 같은 유교문명권에 속합니다. 우리와는 베트남전에 얽힌 아픈 기억을 공유하고 있지요. 친숙함과 아픔을 동시에 지니고 있는 셈입니다.

■ 우리와 같은 유교문명권이지만 중국인이 효孝, 일본인이 충忠, 우리 한국인이 명名을 중시하는 데 비해 베트남 사람들은 의義를 앞세운다고 합니다. 베트남은 한국처럼 효 사상에 바탕을 둔 가족 중심 문화입니다. 두 나라가 거리를 초월해 문화적으로 친숙함을 느끼는 건 그래서입니다.

박회장님은 알루미늄 소재산업으로 이렇게 베트남에까지 진출해서 글로벌 경쟁 체제를 갖추게 되셨습니다. 코리안드림 시대를 지나 이제는 베트남드림 시대가 열렸네요.

■ 그렇게 봐도 좋습니다. 한국-베트남 FTA가 공식 발효되었습니다. 베트남은 중국과 미국 다음으로 한국의 3대 수출 · 투자 시장으로 급부상하고 있습니다. 삼성전자도 베트남을 전략적인 스마트폰 생산국가로 선택해서 대규모 투자를 했고 LG, 금호타이어, 오리온제과, 롯데제과, 경방, 율촌화학, 동양고무벨트, 오뚜기, 오리엔트정공 등 국내 기업들도 이미 생산거점을 마련했습니다. 경기도도 호치민 시에 경기비즈니스센터를 열었습니다. 경기 지역 중소기업의 해외마케팅을 대행해주고 해외네트워크 지원을 합니다. 이곳 문화를 이해하고 윈-윈 전략을 세운다면 베트남은 한국 유통 · 소비 · 엔터테인먼트 기업에게도 기회의 땅입니다.

한국 기업들은 대부분 호치민을 선호했습니다. 남쪽 최대 경제도시죠. 호치민을 빼놓고 다른 도시는 인프라가 제대로 갖춰져 있지 않아서 사업하기가 힘들었거든요. 하노이는 허허벌판이나 다름없었어요. 주변에 협력사 하나 없었고요. 그런데도 저는 하노이로 가기로 했지요. 하노이가 베트남 수도니까 정부가 앞으로 하노이를 발전시키지 않을 리 없다고 판단했지요. 흥옌성 벌판에 과감하게 공장을 지었어요. 그 결정이 옳았지요. 하노이가 해마다 몰라보게 변해서 이제 국제도시로 급성장했습니다.

베트남이 사회주의 국가다보니 공장을 세우려면 토지사용관리 권한증서를 확보해야 합니다. 그게 쉽지가 않아서 합작회사 형태를 취하는 게 일반적이었어요. 저는 100퍼센트 독자기업으로 자리 잡고 싶었어요. 그런데 운 좋게도 우리보다 먼저 진출했던 기업들보다 먼저 권한증서를 받았습니다. 베트남 정부가 당시 부품소재 사업을 육성하고 있었고, 고용창출 효과를 기대한 거죠. 서로 입장이 맞아떨어진 겁니다.

베트남에는 알루미늄 원석인 보크사이트 매장량이 풍부합니다. 우리가 알루미늄 제련 공장을 건설하면 한국은 말할 것도 없고 세계에 공급할 수 있습니다. 우리 회사처럼 제품으로 가공해 팔 수도 있습니다. 우리 회사는 베트남 국영 광물자원공사인 비나코민Vinacomin과 COA(협력합의서)를 체결했습니다.

세계 알루미늄업계의 선두주자는 미국의 알코아입니다. 100년이 넘은 기업인데 해마다 성장하고 있어요. 국내에서는 우리 회사가 알루미늄업계 1위인데 그에 비하면 규모가 비교가 안 될 정도로 작아요. 더 싼 원자재를 확보하고 전 세계에 판매 기반을 만들어야 합니다. 우선은 아시아의 알코아로 자리 잡아야지요. 베트남을 거점으로 인도나 미얀마, 라오스 등 우리가 진출할 곳이 많습니다.

■ 흔히 동양학에서는 천문天文, 지리地理, 인사人事 삼박자가 잘 맞아떨어져야 만사가 술술 풀린다고 합니다. 천문은 타이밍이고 지리는 복된 터전, 인사는 인화인데 서로 상관관계가 있습니다. 만약에 베트남이 아니라 개성에 이런 규모의 일괄라인 공장을 세웠다면 알루코그룹은 결정타를 맞았겠지요. 박회장님이 베트남을 선택한 것, 그것도 하노이 흥옌성을 선택한 건 동물적인 감각 같습니다. 낙타는 십리 밖에서도 물 냄새를 맡는다고 하지요. 박회장님은 천리 만리 밖에서도 물 냄새를 맡는 경제계 낙타 같습니다.

■ 지금 개성공단이 폐쇄된 걸 생각하면 아찔합니다. 저로서야 다행스럽기는 한데 입주업체 대표들이나 관계자들 처지는 어떻겠습니까? 참으로 안타깝습니다.

기업가들에게 세계는 하나의 시장입니다. 세계시장을 한눈에 파악하고 있어야 해요. 안 그러면 급변하는 추세에 발 빠르게 대응할 수 없습니다. 그래서 해외를 제 집처럼 넘나드는 겁니다. 정치인들이 경제인들처럼만 생산성 높은 일에 매달리면서 법을 섬세하게 만들면 세상이 훨씬 좋아질걸요.

3콩 안 하기 운동

───────────

■ 아, 마침 박석봉 대표가 저기 오네요. 장안종합열처리 때부터 저
랑 같이 일했는데 현장에서 잔뼈가 굵은 동생입니다. 박대표가 공
장 설립 총책이었어요. 나야 지시만 했지 현장감독은 박대표가 도
맡아 했습니다. 고생 좀 했지요. 여기 온 지 올해로 10년째입니다.

■ 박석봉 대표도 또 하나의 신화 주인공이시죠. 박회장님과 똑같은 흙수저
청년이 중견기업 부회장 겸 해외 법인 대표가 되셨으니까. 허허벌판에 공
장 세운 이야기부터 전해주세요. (얼굴이 검게 탄 박석봉 대표는 사람 좋은 웃음을
지었다. 화끈하고 낙천적인 성품으로 저돌적인 경영인 타입이었다. 장안종합열처리 때부터 합
류, 현장에서 잔뼈가 굵은 기술자이기도 했다.)

■ **박석봉** "최대한 빨리 법인을 설립하고 공장을 세워라"는 회장님
의 지시가 떨어졌어요. 2007년 봄이었는데, 달랑 직원 두 명을
데리고 바로 날아왔죠 뭐. 우린 하라면 그냥 합니다. 와서 보니까

한숨만 나오데요. 부지가 10만 평방미터나 됐는데, 이건 뭐 그냥 들판에 잡풀만 있었다니까요. 물소가 한가하게 풀이나 뜯고 있고…… 전기가 뭡니까, 상하수도 시설도 없었어요. 걱정이 앞섰습니다. 일괄라인 공장을 짓는 일인데 그게 보통 공삽니까? 하노이에 호텔을 잡고 투자허가서 신청부터 했어요. 공무원들한테 매달려서 20일 만에 허가서를 받아냈지요. 베트남 투자 역사상 최단기간에 발급받은 기록이랍니다. 뭐 완력을 쓴 건 아니고(웃음) 매일 찾아가서 매달렸어요. 사회주의 국가에서 공무원들은 급할 게 하나도 없어요. 마냥 시간을 끌어요. 그 공무원을 밥 사줘가며 설득했답니다.

허가가 나오자마자 공사에 들어갔지요. 기온이 40도까지 오르니까 찜질방이 따로 없었어요. 주조동鑄造棟(주물을 만드는 건물) 자리는 땅을 조금만 파도 물이 콸콸 나오는 물구덩이었어요. 거기서 10미터나 되는 피트 공사를 해야 했지요. 무른 바닥에 심을 박아 기초를 다지는 일이지요. 도리 없이 잠수부가 머구리를 쓰고 들어가 피트 박는 작업을 했습니다. 당시 베트남에는 토목공사 장비가 변변치 못했어요. 그 장비마저 물량이 부족해서 조달하기가 어려웠지요. 전기나 물도 곧잘 끊겼고요.

아, 그러다 무슨 일이 있었는지 아십니까? 공사가 한창일 때 건설업체가 부도가 났어요. 어쩐지 그 업체가 아직 끝나지도 않은 공사 대금까지 미리 달라고 협박하더라고요. 그러더니 대표가 바로 감쪽같이 잠적해버렸어요. 그래도 어쩝니까? 애초에 예정했던 기일 안에 마무리하느라 공사현장에서 직원들이랑 먹고 자고 했지요. 폭염에 폭우에…… 우리 직원들이 말도 못하게 고생했습니다.

■ 말도 안 통했을 텐데 현지인 직원들은 어떻게 씁니까?

■ **박석봉** 우선 우리 쪽 직원들한테 베트남어 가르치려고 국립 하노이대 출신으로 강사를 채용했습니다. 통역도 썼지요. 그런데 다들 한 달도 못 버티고 나가떨어졌어요. 저도 그렇고요. 베트남어는 6성조가 있어요. 간단히 말하면 한 단어가 성조에 따라 뜻이 6개라고 보면 됩니다. 그게 너무 어려운 겁니다. 베트남에 오래 살아도 베트남어 못하는 사람들 많아요. 한 달쯤 지나니까 오히려 베트남어 강사가 한국어를 하더라고요. 직원들이 그때 수강료 돌려주고 한국어 교습비 받아야 하는 거 아니냐며 한참 웃었습니다.

뭐니 뭐니 해도 먹는 게 제일 큰 문제였죠. 먹는 거라도 잘 먹어야 하는데 음식이 입에 안 맞으니까…… '느억맘Nuoc mam'이라고 베트남 젓갈 있거든요. 다들 그 냄새를 힘들어했어요. 호텔 음식을 먹고서 식중독에 걸리는 직원도 있었습니다. 계속 보고만 있을 수가 없어서 한국요리 자격증을 딴 현지인을 수소문해서 조리를 맡겼지요. 그런데도 아무래도 손맛이 다르고 식재료도 다르니까 입에 안 맞더라고요. 고심 끝에 대전에서 한국 영양사를 파견해서 요리법을 전수하게 했습니다. 미역, 고추장, 된장, 고춧가루 같은 기본적인 식재료도 한국에서 공수해 오고요. 그제야 직원들이 입맛을 되찾고 업무에 매진할 수 있었습니다.

지금도 영양사인 사촌 여동생이 조리를 총괄하는데 아주 정성을 들여요. 우리는 한국 맛을 고집합니다. 매주 금요일은 보양식이 나옵니다. 기업들 사이에서 소문이 나서 일부러 점심시간에 맞춰 업무 일정을 잡거나 하이퐁을 갈 때마다 중간에 들러 식사를 하고 갑니다. 그래서 늘 넉넉히 준비해두죠. 한국인들 입맛은 좀처럼 현지화가 어려운 것 같습니다.

■ 속담에 '일이 되면 입도 되다'고 큰 일꾼들은 잘 먹어야 맞습니다. 박석봉 대표 역시 박회장님처럼 한솥밥 공동체 의식이 각별한 것 같습니다. 부천 장안종합열처리 시절에 집에서 스무 명 직원들 도시락을 싸 나르다 나중에는 화장실 옆에서 밥을 해 먹으셨잖습니까? 그런 회장님의 생활철학을 잇는 것 같습니다.

박도봉 회장님! 서로 입맛이 많이 다를 텐데 베트남 직원들과도 한솥밥을 먹습니까?

■ 회사를 키워오며 어려울 때가 많았습니다. 특히 자금 조달이 어려웠지요. 하지만 아무리 쪼들려도 식재료비만큼은 아끼지 말라

CEO 박도봉의 현장 인문학

고 했습니다. 잘 먹이고서 일 잘해달라고 해야 하는 거 아니겠습니까?

지금도 우리 그룹 구내식당은 칭찬이 자자합니다. 베트남 직원들은 우리와 입맛이 달라 다른 식단을 준비합니다. 역시 좋은 식재료를 쓰도록 강조하지요. 다른 회사들은 외부에서 밥을 주문해 먹기도 하는데, 우리는 자체 식당에서 양질의 음식을 제공합니다. 이런 좋은 식단이 이직률을 줄이는 데도 한몫했다고 봅니다.

■ 아무리 잘 먹이고 복지가 좋더라도 문화가 달라서 팀워크가 쉽지 않았을 텐데……

■ 맞아요, 이곳 베트남은 우리와 생활문화가 많이 다릅니다. 베트남 사원들은 항상 콩사오Khong sao(괜찮아), 콩비엣Khong biet(몰라), 콩번데Khong van de(문제없어)를 입에 달고 살았습니다. 일이 잘못돼도 콩사오, 책임을 지라고 하면 콩비엣, 공사기간이 늦어져도 콩번데…… 제품이 정밀하고 깔끔해야 하는데 불량품이 많았어요. 우리 기준으로는 반드시 폐기처분하고 다시 만들어야 하는 것들이었습니다. 당연히 일은 더디고 품질은 낮아지고 작업성은 떨어질 수밖에요. 의식개혁이 우선이었습니다. 회사에서는 절대로 콩사오, 콩비엣, 콩번데 이 3콩 안 하기 운동을 벌였습니다. 3콩 엄금! 계속해서 강조하다보니 조금씩 효과가 나타나더라고요.

베트남 사람들이 의리가 있고 가족애가 각별합니다. 오죽했으면 전쟁터에도 가족을 데리고 다니겠습니까? 먼 친척 경조사에까지 꼭 참석해 서로 돕지요. 순수한 면이 많아 오해를 사는 경우도 있습니다. 베트남 사람들은 남들한테 실례가 되는 일은 하지 않으려 하고 여간해선 어려워도 잘 내색을 안 해요. 그러다보니 피치 못하게 거짓말을 할 때가 많습니다. 별거 아닌 집안일로 결근이나 조퇴를 해야 하는데 곧잘 큰 핑계를 대요. 가족이 결혼을 한다거나 상을 당했다거나⋯⋯ 누가 교통사고를 크게 당했다고 둘러댈 때도 있고요. 그래야 외국인 상사가 이해해줄 거라고 믿는 겁니다. 덕분에 웃기는 상황도 벌어져요. 누가 베트남 직원 결혼식장에 갔더니 분명히 돌아가셨다던 사람이 멀쩡히 살아서 인사를 하더랍니다. 교통사고를 당했다던 사람도 멀쩡하게 돌아다니고요. 거짓말이 들통 나도 서로 그렇게 웃어넘기지요.

공장 가동 초기에는 여러 가지 문제로 심각했습니다. 그 당시 베트남에서는 사회주의 유습이 남아 있어서 직원들이 경제관념이 부족했어요. 조직 문화의 차이 때문에 한국 간부들과 섞이는 데도 어려움이 많았죠. 이걸 극복하려고 저와 임직원들이 작업복 입고 현장에서 밤새워 일했습니다. 그걸 며칠간 지켜본 베트남 직원들이 다가와 '이렇게 일하면 죽는다. 우리가 도와줄 테니 그만 가서 쉬어라' 하면서 등을 떠밀어 내보내더군요. 그제야 회사가 자신들의 노동력을 착취하는 게 아니라 본래 모두가 이렇게 일하는 거로구나 하고 이해했어요. 그 뒤로는 기술도 빨리 배우고 애사심이 생겼지요.

이직 문제도 심각했습니다. 베트남도 우리처럼 최대 명절이 구정인데, 구정에 고향에 다녀오겠다고 가서는 아예 연락이 두절되는 경우가 많았어요. 그 통에 생산라인이 텅 비어버린 적도 있어요. 알아보니까 명절에 고향 친구들하고 모여서 서로 이래저래 비교하다보니 남의 떡이 커 보이고 그쪽으로 마음이 쏠리면 가버리는 겁니다. 다른 회사들도 같은 문제로 골머리를 앓았지요. 해결책으로 구정 보너스 일부를 나중에 공장에 복귀하면 주기도 했어요. 조삼모사죠. 하지만 얼마 안 가서 또다시 대량으로 이직하고…… 어떤 때는 우리 회사로 몰려들기도 했고요.

해결하느라 시간이 오래 걸렸지요. 직원들과 연대감 키우기, 동반성장 비전 제시, 자율적인 동기부여. 이 세 가지에 집중했어요. 결국 좋은 업무환경과 보수, 비전이 있어야 사원들이 떠나가지 않는 겁니다.

이곳 현대알루미늄VINA는 1년 내내 풀가동됩니다. 특히 1~2월이 더 바빠요. 그런데 공교롭게도 구정 연휴가 딱 그때예요. 베트남엔 명절 휴일이 많지 않은데, 대신 구정 연휴가 보름이나 됩니다. 제조업체는 연휴라고 쉴 처지가 못돼요. 며칠씩 공장을 멈췄

다간 납기일을 맞출 수가 있어야지요. 그래서 그때는 불가피하게 일용직을 구해야 하는데, 인근 다른 공장들도 사정이 비슷해서 일용직 구하기도 여간 쉬운 일이 아닙니다. 고심 끝에 생각해낸 게, 이곳 고향으로 설 쇠러 온 인력을 활용하기로 했지요.

구정 전에 회사 정문에 현수막을 달았습니다. 연휴 동안 출근한 사람한테 마지막 날 추첨을 해서 선물을 주기로 했어요. 오토바이, 냉장고, TV, 전기밥솥, 토스터, 냄비 같은 베트남 주민들이 선호하는 생필품으로요. 현수막이 붙은 날부터 구정 내내 정문에 지원자가 넘쳐났어요. 채용 기준이 까다로웠는데도 남녀노소 가릴 것 없이 구름처럼 몰려들더라고요. 덕분에 좋은 인력을 뽑아서 납기를 맞췄지요.

추첨할 때 오토바이나 냉장고, TV가 당첨되면 그렇게 좋아할 수가 없어요. 젊은 사람들은 머리로 천장을 뚫을 기세로 뛰면서 환호성을 지릅니다. 우리로 치면 로또 당첨이나 다를 바 없으니까요.

이젠 구정이 되면 주민들이 먼저 물어보고 일할 수 있도록 부탁을 해요. 핵심부서 직원들은 자기들끼리 합의해서 연휴 때 자발적으로 며칠씩 출근하기도 합니다. 이직률도 굉장히 낮습니다. 베트남 사람들이 선호하는 직장으로 자리 잡은 거죠.

우리가 여기 자리 잡고 나서 다른 일본, 한국 기업들도 점점 더 많이 입주하기 시작했습니다. 그중에서도 우리 회사가 제일 인기가 많습니다. 홍옌성에서 투자 규모, 고급인력 고용, 세금납부액에서 모두 1위지요. 입주기업 행사 때 우리 회사 법인장 박진우 전무가 홍옌성 성장城長(우리의 지자체 단체장) 바로 옆에 앉아요. 우리 회사 위상이 그렇게 높아진 겁니다.

우리 그룹은 알루미늄 소재 산업으로 베트남 공장에서만 연매출이 3,000억 원을 넘었습니다. 순이익도 꽤 되고요. 앞으로는 중국뿐만 아니라 세계 어느 나라와 경쟁해도 이길 수 있습니다. 주문량이 밀려들어서 2015년에는 제2공장 알루텍VINA를 세웠지요. S전자 베트남 공장이 있는 타이웅엔과 3킬로미터 거리입니다. 부지 한쪽에 A동 5,800평, B동 4,000평 건물을 세웠습니다.

애로사항도 많았습니다. 제2공장을 세울 때 가장 시급했던 게 안정적인 전기 동력을 끌어오는 일이었습니다. 공단에 자체 변전소가 없어서 시내에서 임시 전기를 끌어다 썼는데 수시로 단전이 되더라고요. 우리는 이 문제를 직접 해결해보기로 했습니다. 우선 공단 관리국과 베트남 전력국 쪽 관련 부서를 일일이 찾아다니면서 우리 공장의 성격과 투자 계획, 지역 발전에 끼치는 영향을 적극적으로 홍보했습니다. 결국 인근 변전소에서 직접 전력선을 시공해 우리 회사에 안정적으로 전력을 공급해주겠다는 약속을 받아냈습니다.

문제는 변전소와 우리 공장 부지 사이에 있는 사유지였습니다. 철거 예정지였는데도 아직 남아 있던 가구들도 문제였습니다. 이

걸 해결하더라도 전봇대 33개를 시공해야 하는 상황이었습니다. 최소 1~2년이 걸리는 일이었지요. 그때까지 단전을 감수하면서 공장을 가동하다간 생산에 차질이 클 수밖에 없었습니다. 박석봉 대표는 내게 보고도 못하고 끙끙 앓으면서 밤낮으로 담당자를 만나러 다녔습니다. 그러다 박대표가 평소 친하게 지내던 베트남 지인이 주선을 해서 타이웅엔 성장이 우리 회사 프로젝트 현장을 직접 방문하게 되었습니다. 그때 성장이 각별히 배려해줘서 일이 발 빠르게 해결됐지요.

그런데 하필 공사기간과 우기가 겹친 겁니다. 그 빗속에서 공장을 세워가면서 지붕을 이은 곳에 독일산 압출기를 깔고 가동을 시작했습니다. 공사현장에서 제품을 생산해낸 거죠. 공단 관리국과 주변 업체에서 보고 혀를 내둘렀지요. 베트남에서 가장 빠르게 공장을 건설하고 안정적인 작업을 한다는 찬사를 받았습니다. 지금 1단계 공장은 발주가 밀려들어 24시간 생산라인을 가동하고 있습니다. 남은 부지 한쪽에 추가 공장을 지어야 할 판입니다.

우리도 베트남에서 이룬 만큼 돌려주려고 합니다. 베트남은 아직 의료시설도 주거환경도 열악해요. 우리 현대알루미늄VINA는 한국의 유명 종합병원과 연계해서 매년 의료진 30~40명이 지역주민 1,000여 명의 건강검진을 해오고 있습니다. 병원 측은 공적개발원조ODA 차원에서, 우리 회사는 기업의 사회적 책임활동CSR

차원에서 하는 일입니다. 사원들 주거환경 개선사업도 꾸준히 해 오고 있고요. 재래식 문과 창문을 알루미늄 제품으로 교체해주고 도배와 수리도 지원합니다. 그런 식으로 주민들과 사원들의 신뢰 를 쌓고 있습니다.

비행기로 7시간이면 모두 우리 경제영토

■ 옛날 우리나라도 베트남과 크게 다르지 않았지요. 개화기 때 조선에 온 서양 선교사들이나 언론인, 사회학자들의 기록을 보면 비슷한 이야기가 많습니다. 나보다 공동체 이익을 좇던 사회였지요. 비효율적이라고 할지 몰라도 저는 그런 사회가 그립습니다.

> "그들은 개인의 이익보다는 공동체의 이익을 먼저 생각하는 이상적인 노동의 방식을 가진 사람들이다. 하지만 슬픈 가난과 식민주의의 거센 물결 앞에서 아름다운 것, 좋은 것을 서서히 잃어가고 말았다."

일제 강점기 초에 조선을 두 차례 방문했던 독일 신부 노르베르트 베버 Norbert Weber의 기록입니다.

6,70년대까지도 외국인의 시선에 포착된 한국인의 습성은 별반 달라지지 않았습니다. 그러다가 경제 여건이 나아지고 자기주도적인 삶이 되면서 거짓말할 필요성도 사라지고 고유의 문화로 인정받게 됩니다. 물론 외국

인의 편견도 사라집니다.

영국의 19세기 농업경제학자 아서 영Arthur young은 "사유私有의 마력은 모래를 황금으로 만든다"는 유명한 말을 했습니다. 베트남은 중국처럼 정치는 사회주의 체제지만 경제는 자본주의 체제입니다. 열심히 일하면 잘사는 동기가 부여됐으니 곧 비약하겠지요. 베트남과 한국의 경제·문화 협력이 커지고 있는데 베트남이 한국의 장점은 닮고 병폐는 피해갔으면 합니다.

한국 청장년들이 베트남에서 해볼 만한 창업 소재는 어떤 것들이 있을까요?

■ 베트남은 기회의 땅입니다. 일자리가 넘쳐나요. IT 쪽이나 서비스업도 괜찮은데, 특히 전자 상거래와 소프트웨어 개발 분야가 유망하다고 봅니다. 지금은 IT 기반이 취약한 편이지만 빠른 속도로 개선될 겁니다. 베트남 인구가 9,300만이 넘는데 신교육을 받은 젊은이들이 일상생활은 물론이고 비즈니스에 IT를 빠르게 적용시키고 있습니다. 한국 청장년들이 베트남에 진출해서 여러 산업 분야에 IT를 접목한다면 크게 성공할 겁니다.

베트남은 직업에 남녀차별이 거의 없습니다. 오히려 여성의 사회 참여도가 높은 편입니다. 생산현장에서도 여성의 생산성이 남성보다 높아요. 노동력도 풍부하고 노동 연령도 매우 젊지요. 그래서 전 세계 다국적 기업들이 베트남 시장에 진출하는 겁니다. 이게 한국 청장년들에게도 큰 기회가 되어줄 겁니다. 한국 청장년들이 베트남에 있는 여러 다국적 기업에 취업을 할 수도 있습니다. 그러자면 먼저 베트남 문화를 이해해야 하고 언어도 배워야지요. 어학연수 과정을 밟는 것도 한 방법입니다. 하노이대, 하노이외대, 호치민 인사대, 다낭외대, 후에대 같은 대학들이 있지요. 물론 정부나 기업도 체계적으로 지원을 해줘야 합니다. 우리 젊은이들 워킹홀리데이로 호주나 뉴질랜드 같은 데 가서 농장 일이나 하다 청춘을 낭비합니다. 그렇게 돼서는 안 돼요. 무작정 혼자 가서는 절대 뿌리내리기 어렵습니다. 프로그램에 따라 철저하게 준비를 하고 앞서 거점을 마련한 기업들이 도움을 줘야지요. 그래야 취업도 창업도 성공할 수 있습니다.

■ 얼마 전 하노이대를 방문했습니다. 한국어과가 인기 학과였는데 학부생만 700명이나 되더군요. 베트남 학생들 사이에 불고 있는 한국어 열풍은 자연스럽게 한류로 이어집니다. 베트남이 한국의 3대 교역국으로 부상한 것도 그렇고 두 나라 간 유대가 긴밀해진 건 분명합니다. 이럴 때 한국 청장년들도 베트남에 진출해서 문화와 언어부터 배우고 창업하면 널리 진출해 있는 한국 기업들의 도움을 받을 수도 있습니까?

■ 엄밀히 말하면 그들이 현지 한국 기업들의 도움을 받는 게 아니라 한국 기업들이 찾고 있는 인재가 그들입니다. 한국에서 경험

을 쌓고 베트남에 와 어학연수를 받은 인재라면 한국 기업들이 당연히 선호할 수밖에 없습니다. 물론 한국인 직원은 베트남 현지인들 기준이 아니라 한국 기준으로 연봉을 받습니다. 청년들뿐만 아니라 중장년 명예퇴직자도 유용한 인재지요. 한국에서 간부로 일했던 경험을 이곳 베트남에서 다시 한 번 발휘할 수 있으니까요. 창업해 납품을 할 수도 있고 취업을 할 수도 있습니다. 물론 한국 기업과 무관하게 베트남인들을 상대로 창업할 수도 있고요. 제 눈에는 이곳 베트남에서 돈 버는 길이 무수하게 보입니다. 오죽했으면 이 바쁜 와중에 하노이에 창업컨설팅 회사를 차릴까도 생각했겠습니까?

201

■ 관계 기관이나 기업들과 연대해서 베트남 창업지원 프로그램이나 스타트업뱅크를 알차게 만들어도 좋겠습니다.

■ 중소기업청에서 이미 중국, 베트남, 미얀마, 태국, 캄보디아 5개국에서 창업을 하고 싶어하는 사람들을 선발해서 지원사업을 진행하고 있습니다. 기업들도 비슷한 지원사업을 하고 있고 우리 회사도 계획 중입니다. 지금은 미미한 수준이지만 정부가 체계적으로 계획을 세워서 더 적극적으로 나서야 합니다. 한국의 취업난과 창업난을 베트남, 미얀마, 태국, 캄보디아, 인도 같은 나라에서 뚫을 수 있어요.

전 | 세계가 나의 영토

오래전 미국에 지사를 세울 때 '비행기로 24시간 안에 왕복할 수 있는 거리면 국내나 마찬가지. 이제부터 개념을 바꾸자'는 생각을 했습니다. 미국 비즈니스맨들은 동부에서 서부나 남부로 몇 시간씩 비행기를 타고 다니면서 업무를 봅니다. 우리가 유럽 가는 거리와 큰 차이가 없어요. 그 거리가 그들한테는 일일생활권 경제영토라는 겁니다. 우리도 그렇게 생각하면 됩니다.

저는 우리나라 청장년들이 경제활동 무대를 세계로 넓혔으면 합니다. 서울이나 부산에 컴퍼스 한쪽 다리를 찍고 큰 원을 그려보세요. 남으로는 호주, 서로는 인도, 북으로는 시베리아, 동으로는 일본을 커버합니다. 동남아와 중국 대륙이 포함되지요. 거기까지 일일생활권 경제영토라고 생각하면 됩니다. 다른 나라를 외국이 아닌 국내로 여기고 공략해보라는 겁니다. 처음에는 인터넷으로, 나중에는 비행기 타고 날아가 활동 무대로 삼는 겁니다.

■ 일론 머스크의 음속열차와 초음속 여객기가 상용화되면 세계는 그야말로 한 마을이 됩니다. 세계가 하나의 경제영토인 건 분명하죠. 문제는 현재 우리 청년들의 마인드입니다. 우리 청년들은 한국에서도 잔뜩 움츠러들어 있는데 과연 문화도 다르고 음식도 다르고 말도 잘 안 통하는 데까지 가서 취업하거나 창업하려 들지 모르겠습니다. 더구나 한 번 실패하면 곧바로 신용불량자가 되는 판국인데 뭘 믿고 해외원정까지 하겠습니까? 청

년이 절망하는 사회는 미래가 없습니다. 그걸 빤히 보고서도 근본적인 대책 없이 번드르한 말만 쏟아내는 건 생색내기입니다. 알루코그룹에서 청장년 창업 디딤돌 같은 걸 만들어줄 생각은 없으신가요?

■ 당장 만들 작정입니다. 사재를 털어서라도 청장년 글로벌 창업 지원 사업을 해야겠습니다. 김소장님이 좋은 이름 하나 지어주세요. 이 현장의 인문학 이야기를 계기로 생각한 게 많습니다. 우리 때는 지금보다 여건이 훨씬 더 열악했다는 말은 못할 것 같습니다. 그때는 그때고 지금은 지금이니까요.

■ 행동하는 경영자답습니다. 방금 생각난 건데…… '박도봉 담쟁이넝쿨 재단'이 어떻습니까? 외환위기 때 배수진을 치고서 멋지게 극복하고 도리어 코스닥에 상장시켰던 정신이 담겼습니다. 낮은 땅바닥에서 몸을 일으켜 마침내 그 벽을 타넘는 담쟁이넝쿨의 감투정신! 아니면 회장님 아호를 따서 지어도 좋겠습니다.

■ 아호라니요. 사치입니다. 기름밥 쇳가루밥 먹는 사람한테 아호가 가당키나 합니까? 담쟁이넝쿨은 이미지도 좋고 의미도 좋습니다만 재단은 별로 실속이 없습니다. 설립도 까다롭고 은행 금리가 너무 낮아 사업성도 떨어집니다. 이번 여름부터 가동할 테니 좋은 이름을 더 생각해보시죠.

■ 형식보다 내용이 중요하긴 합니다만, 이젠 중견그룹의 리더로서 어느 정도 모양 갖추기도 필요한 때가 되었다고 봅니다. 문질빈빈文質彬彬이라고 했잖습니까. 내용과 형식을 고루 갖춰야 문채가 납니다. 그게 문화고 인문적 품격입니다. 박회장님은 절대 과도한 꾸밈을 할 분이 아니니까 권하는 겁니다.

■ 알겠습니다. 회사 임원들과 집사람도 같은 의견들이긴 합니다. 차차 갖춰가지요 뭐. 사실 제가 너무 형식적인 걸 안 따지고 현장을 누비다보니 무모하다는 말도 많이 듣는 것 같습니다. 하지만 밖에서 남들이 보기에 그렇지 제 입장에선 예정된 수순일 뿐입니다.

■ 베트남이나 인도 같은 제3국이 아닌, 경쟁이 치열한 미국에 지사를 먼저 설립한 동기가 굉장히 특이하더군요.

■ 맞습니다. 그간 미국지사에서 알루미늄 스크랩scrap(쇠부스러기, 고철)을 구매해 베트남, 한국, 중국 등 그룹 계열사로 공급해왔습니다. 미국지사를 만든 게 바로 딸아이 덕분이었지요.
딸아이가 중학교 1학년 때, 가족끼리 미국 캘리포니아에 있는 아내의 친척 언니 집에 간 적이 있습니다. 처형이 미국인하고 결혼해서 딸 넷 낳고 잘살았어요. 우리 애가 영어를 꽤 잘해서 친척 아이들이랑 스스럼없이 어울렸는데, 그때 보고 미국 교육환경이 부러웠나봅니다. 한국에서는 집, 학교, 학원, 집 왔다 갔다 하는 게 다잖아요. 미국은 방과 후 활동도 많고 숙제만 마치면 마음껏 뛰놀 수도 있고…… 그때 딸이 미국에서 공부하면 좋겠다고 하더라고요. 눈빛을 보니까 그냥 하는 말이 아니었어요. 제가 자칭 타칭 딸바보인데 딸아이랑 떨어져서 지낸다는 건 상상조차 못할 일이었지요. 그런데 그렇게 하고 싶어하니까 달리 방법이 없더군요. 우리가 결정을 내리기가 어렵지 한 번 내린 결정은 곧장 밀어붙이는 성격입니다. 처형과 미국인 동서한테 딸아이를 부탁했습니다. 그렇게 해서 딸아이를 미국에 남겨두고 아내와 아들만 데리고 귀국했어요.

공항으로 가는 차 안에서 눈물이 왈칵 나더라고요. 어렵게 결혼해 가진 첫아이라…… 가진 거 쥐뿔도 없는 흙수저 아빠 만나 자양동 반지하 방에서 태어나 다리미에 이마가 찍히고, 집인지 공장 기숙사인지도 모르는 북새통 같은 집에서 컸지요. 돈도 돈이지만 일에 매달리느라 제대로 놀아주지도 못했습니다. 그래도 애가 티 없이 자랐지요. 유치원 다닐 무렵부터 엄마 잔심부름을 도맡아 했습니다. 남동생이 생기고부터는 육아도 거들고요. 옛 어른들 말이 큰딸은 살림 밑천이라잖습니까. 그 말이 딱 맞습니다. 이제 회사가 웬만큼 자리 잡아서 여유가 생기니까, 이번에는 떨어져 살게 됐잖아요. 그 어린것을 낯선 미국 땅에 남겨두고 태평양을 건너려니 암담했습니다. 아내는 이번에도 침착하고 담담하더라고요. 딸아이도 마찬가지였고요. 모녀가 둘 다 대범하고 냉정했는데 저만 눈물 콧물 다 흘려서 체통을 구겼죠 뭐. 딸한테 그때 헤어지면서 눈물 한 방울 안 흘리더라고, 섭섭하더라고 했더니, "그때 아빠를 따라 같이 울었다면 어떻게 됐겠어요? 아마 한국으로 못 돌아가셨을걸요. 아빠는 꼭 개구쟁이처럼 장난도 잘 치고 애교가 철철 넘치시잖아요. 엄마는 또 어떻고요? 근엄해 보여도 속정이 깊으시고…… 엄마 아빠 앞에서 약한 모습 보이기 싫어서, 한 번 눈물 터지면 계속 울까봐 꾹 참았죠 뭐. 배웅하고 이모 집으로 돌아가는 내내 차 안에서 얼마나 울었는데요."

딸아이가 그렇게 털어놓더군요.

■ 따님이나 사모님은 회장님을 친구로 여기더군요.

■ 사실 저는 집에 들어가면 완전 무장해제돼요. 속옷만 입고서 아이처럼 강아지를 데리고 놀고 아내와도 소꿉친구처럼 속내를 다 털어놓지요. 그러다보면 더 열심히 살자는 의지가 샘솟아요. 제가 밖에 나가 멧돼지처럼 무섭게 돌진하는 자양분입니다.

■ 전쟁터에서 장검을 휘두르는 용맹한 장수도 가슴속에는 한없는 사랑과 자비로 충만한 법이지요. 이순신 장군 이야기입니다. 이순신 장군이 전장에서 막내아들 면勉의 전사 소식을 듣고 그만 자기도 모르게 목 놓아 통

곡했다고 합니다. 아무리 아들이 죽었다 해도 수군통제사가 전장에서, 그
것도 부하들이 보는 앞에서 대성통곡을 했으니 뒤에서 수군대고 그랬겠
지요. 하지만 그게 인간입니다. 장군의 기상에는 이처럼 아들을 사랑하는
아버지의 여린 마음이 들어 있었던 거죠. 이 여린 마음이 바로 인仁입니
다. 봄날에 돋아나는 새싹처럼 한없이 여리고 어진 그 마음, 생명을 사랑
하는 그 내면세계가 '옳을 의義'자와 만나 밖으로 표출되면 천지를 쓸어버
리는 파괴력을 얻는 게 아닐까요. 그 어진 마음을 짓밟는 왜구들의 불의
한 침략과 살생행위를 절대로 용서할 수 없는 것이지요. 한 놈도 살려 보
내지 않겠다는 맹세는 그런 마음에서 나왔을 겁니다.

■ 아이고, 너무 오버하셨습니다. 고작 열처리 공장 노동자를 민족
의 성웅과 비교하시다니요. 사람들이 비웃습니다. 저는 그저 내
게도 깐깐한 구석만 있는 게 아니라는 얘기를 하고 싶었을 뿐입
니다.

사업과 장사의 차이

———————————

하노이 시내로 나와 호안끼엠 호수 서쪽 2킬로미터 지점에 있는
유교 사원, 문묘文廟에 도착했다. 하노이 공자묘라고도 부른다.
1070년 리탄통Ly Thanh Tong 황제가 공자의 학덕을 기리기 위해
세운 사원으로 베트남 최초의 대학이기도 하다. 고려와 조선의
성균관과 같다고 볼 수 있다. 입장권을 사서 문묘 문을 들어서니
정원 중앙통로 위로 베트남 전통모자 논Non이 장식돼 있다. 논은
야자나무 잎으로 만든 고깔모자로, 아오자이Ao Dai와 함께 베트남
여인들의 상징이다. 시민들, 외국인 관광객들 무리에 섞여 정방
형 연못가를 지나 공자의 사당 앞에 섰다. '만세사표萬世師表'라는
편액이 걸렸다. 공자상은 두 손을 포개어 잡고 앉아 있는 형상이
다. 인류의 스승이자 학문의 신 앞에 꽃과 바나나, 돈을 바치며
경배하는 참배객들이 늘어섰다.

박회장은 지난 10여 년 동안 하노이를 수십 번 왔지만 문묘는 처
음이라고 했다. 사업가라는 게 늘 시간이 빠듯해서 문화관광을

할 여유가 없다는 것이다. 문묘 앞을 지나가기만 했지 입장해서 이렇게 자세히 들여다보는 건 오늘이 처음이란다.

■ 제가 알기로 '사업'이라는 말의 어원은 《주역周易》〈문언文言〉〈계사전繫辭傳〉입니다. 공자는 사업을 "하늘과 땅이 서로 거들어서 천하의 백성에게 베푸는 것擧而措之天下之民謂之事業"이라고 정의했습니다. 사업은 많은 사람들에게 크게 베푸는 일이라는 거죠. 자기 이익만을 좇아 단지 돈을 버는 일은 사업이 아니라 장사입니다. 장사꾼은 돈 되는 것이면 죄다 합니다. 그런 장사꾼을 사업가라고 하지 않지요. 돈도 벌면서 돈 이상의 가치와 사람을 함께 버는 일을 사업이라고 하는 것 같습니다. 우스갯소리 같지만 연애는 청춘사업이라고 하지 청춘장사라고 하지 않잖습니까? 사람을 얻는 일이니까요. 베풀기만 하면 얼마 못 가 거덜 날 텐데 어떻게 업체를 유지할 수 있을까요? 공자는 '혜이불비惠而不費'라고 했습니다. 제자 자장子張이 혜이불비가 뭐냐고 묻자, 공자는 "백성에게 이익이 되는 것을 좇아 그들을 이롭게 하는 것이 바로 은혜를 베풀면서도 낭비하지 않는 것"이라고 답했지요. 결국은 창업환경, 기업환경을 잘 조성해서 '마르지 않는 샘'인 파이프라인을 구축하는 것이 중요할 것 같습니다.

■ 저는 공자를 잘 알지 못합니다. 하지만 그 공자가 2,500년 전에 그런 말을 했다니 놀랍군요. 생산성 없는 복지로는 오래 못 버팁니다. 이제 복지는 필연이에요. 하지만 국가가 세금 걷어 나눠주

는 복지는 한계가 많습니다. 도전정신을 약화시키는 공짜 복지는 독이에요. 합리적인 복지는 돈이 아니라 양질의 일자리를 만들어 내는 것이죠. 유럽 선진국들처럼 어떻게 하면 고부가가치 사업을 일으키고 그 이익으로 보편적인 복지를 실행하느냐가 관건입니다. 그래야 헬조선에서 벗어나 대다수가 행복한 세상이 돼요.

■ 옛 성인이라고 해서 낡은 가치를 지닌 건 아닙니다. 동아시아에서 공자처럼 널리 읽히기도 하고 폄하되기도 한 역사인물은 없습니다. 성리학 때문에 잘못 덧칠된 측면이 있지요. 여하튼 장점은 취하고 단점은 버리면 됩니다. 공자사상의 키워드는 인(仁)입니다. 인은 생명에 대한 참사랑을 뜻하지요. 악한 것을 미워하는 것이 참사랑입니다. 무조건적인 사랑이 아닙니다. 이 인을 항상 실천하려면 제대로 된 사업을 해야 합니다.

■ 인을 실천하는 데 왜 사업이 필요하다는 건가요? 사업은 도덕을 실천하는 일이 아닙니다. 풍요로운 의식주를 위한 수단이라고 해야 옳지요. 사업과 도덕은 오히려 대척점에 서 있는 거 아닌가요? 부도덕한 사업으로 사회적 물의를 일으키는 경우가 많잖아요.

■ 대부분 그렇게 생각하기 쉽습니다. 도덕은커녕 관련 법규도 제대로 안 지키고서 사업하는 사람들이 많으니까요.
근대경제학의 창시자 프랑수아 케네François Quesnay는 '유럽의 공자'로 불렸습니다. 케네의 역저인 《경제표經濟表》의 사상적 모태가 바로 공자의 경영철학이었습니다. 공자는 볼테르Voltaire, 데이비드 흄David Hume, 애덤 스미스Adam Smith 등에게도 영향을 끼쳤을 뿐만 아니라 유럽의 빈국 스위스를 지상천국으로 만드는 데도 결정적 역할을 합니다. 그에 관한 숱한 논저가 있고 저도 관련된 책을 내기도 했지요.

공자는 혼란했던 춘추시대를 살면서 땅에 떨어진 도덕을 사업으로 일으키고자 했습니다. 사업을 통해 인의 철학을 실천하려고 했던 거지요. 공자에게 천하의 백성들은 모두 인간가족입니다. 《예기禮記》〈예운편禮運篇〉에 나오는 대동大同세계로서의 가족이죠. 한 가정을 넘어 범凡생명공동체로서의 가족주의입니다. 공자가 제시한 이상국가인 대동세계에서는 전체의 이익을 위해 노동하고, 그 산물을 공동으로 향유합니다. 완전고용을 통해 사회적 약자를 돌보고, 어질고 능력 있는 사람을 뽑아서 정치를 맡기지요. 자기 부모나 자식뿐 아니라 모든 이를 사랑하고 음모, 모략, 전쟁, 도둑질 같은 질서 문란이 없는 나라입니다.

■ 부러운 세계네요. 북유럽 몇몇 나라가 그에 가까운 것 같습니다. 우리나라는 아직 멀었고요. 그런 나라는 우리 같은 경제인들의 힘만으로는 도달할 수 없습니다. 정치인들이 더 잘해줘야지요. 시민의식도 더 발전해야 하고요. 시민들도 활발하게 경제활동을 해야 합니다. 놀고먹으면서 다 같이 잘살 수는 없어요.

저는 대동세계에 대한 개념이 없습니다. 거창한 목표를 세우고 창업한 것도 아니고요. 돈을 벌고 싶었고 이왕이면 장사꾼이 아닌 사업가가 되어 신기술로 세상을 이롭게 하고 싶었습니다. 그런데 여건이 너무 열악했습니다. 쇳가루 냄새 맡으며 기름때 전 현장에서 겨우 밥 벌어 먹고 살면서 무슨 수로 세상을 이롭게 할 수 있었겠습니까?

제가 창업하던 시절에도 대학물 좀 먹었다는 사람들은 힘든 일은 안 하려고 했어요. 그래서 동생 넷과 처남을 끌어들여 공돌이 공순이로 만들어버렸지요. 맘껏 부려먹었습니다. 고맙게도 큰 불평 없이 따라줬어요. 매일 열몇 시간씩 일했습니다. 덕분에 이제 다들 돈 걱정은 안 하고 살 만큼은 됐지요. 만약 제가 교편을 잡았거나 대기업에라도 취직했다면 어땠을까요? 그래봤자 처자식만 겨우 먹고살았을 겁니다. 창업은 꿈을 공유하는 일이고 함께 잘 사는 길입니다. 대동세계 같은 건 잘 모르지만 끊임없이 신기술을 개발하고 여럿이 먹고살 길은 찾아온 셈입니다.

■ 좋은 일자리가 많이 만들어지면 안정된 삶이 가능하고, 안정된 삶 속에서 자연스럽게 예의와 염치가 생겨납니다. 떳떳한 소득이 있어야 떳떳한 마음이 있는 거니까요. 지금이 조선시대도 아니고 생활고에 찌들면서도 도덕심을 지니라고 강요할 수 없잖아요?

■ 그건 그렇지요. 벌써 퇴근시간이네요. 마침 베트남 우수사원들과

저녁을 먹기로 했어요. 같이 가시죠.

예약된 어느 뷔페식당으로 자리를 옮겼다. 도착해보니 100여 명의 베트남 직원들과 한국인 간부들이 우리를 기다리고 있었다. 베트남 청년들은 우리보다 흥이 더 많은 것처럼 보였다. 초저녁에 시작된 술자린데 금세 흥겨운 축제마당이 되고 있었다.

"못 하이 바 요, 하이 바 요, 하이 바 요 Mot Hai Ba Yo, Hai Ba Yo, Hai Ba Yo!"

한 무리의 청년들이 술잔을 들고 일어서서 경쾌한 율동에 맞춰 외쳤다. 그렇게 왁자지껄하게 떠들며 마셨다. 이제 갓 스물을 넘겼을까 말까 한 청춘남녀들이었다.

조금 있다 잔을 들고 우리 쪽으로 몰려온 그들은 원탁을 에워싸고서 건배사를 제안했다. 표정들은 해맑았고 행동은 스스럼이 없었다. 박회장과 나는 자리에서 일어나, '못 하이 바 요, 하이 바 요, 하이 바 요!'를 외치며 응수했다. 못, 하이, 바, 요는 하나, 둘, 셋, 마시자는 뜻이었다.

우리가 술잔을 절반쯤만 마시고 내려놓으려 하자,

"못 참 펀 참 Mot Tram Phan Tram!"

일제히 그 구호를 반복해서 외쳤다. 못 참은 100, 펀 참은 퍼센트, 100퍼센트 깨끗이 비우라는 건배의 베트남어였다. 우리는 마주보며 씨익 웃다가 이내 술잔을 털어야 했다. 청춘남녀들은 그렇게 세 차례나 떠들썩한 건배사를 한 뒤, 자기들 자리로 돌아갔다.

■ 건배사 한번 뻑적지근하게 받아봅니다. 누가 베트남 젊은이들이고 누가
회장님인지 잘 구별을 못하겠습니다.

■ 제가 남방 사람처럼 생겼다는 말씀입니까? (웃음)

■ 뭐 그런 면도 있지만 같이 어울려 서 있으시니까 키도 비슷비슷하고, 표
정도 소년소녀들 같습니다.

■ 저는 베트남 직원들이 회장인 나를 똑같은 회사 동료로 보고 스
스럼없이 대하는 게 아주 맘에 듭니다. 베트남 젊은이들한테는
이제 우리한테 없는 순수한 면이 있어요. 가족애도 끈끈하고요.
저는 여기 사람들이나 우리한테 모두 이로운 블루오션을 만들었
다고 봅니다. 10년 전에 베트남에 진출하지 않았다면 우리 그룹
은 점점 기울었을 겁니다. 한국에서는 중국과 경쟁이 안 돼서 전
세계로 수출을 할 수가 없어요. 하지만 베트남에서는 누구와 경
쟁해도 얼마든지 상대할 수 있습니다.
해외에 생산공장을 늘릴수록 한국에서는 R&D와 글로벌마케팅,
관리를 중점으로 할 수 있어서 오히려 양질의 일자리가 늘어납니
다. 전에도 잠깐 말했지만 우리 그룹의 국내 일자리는 전보다 더

늘었어요.

■ 영등포 문래동 열처리 집 노동자로 시작해서 이만한 글로벌 경영 체제를 갖췄으니, 박회장님이야말로 창조경제의 한 모델입니다. 꿈을 공유하고 현장 경험과 연구개발을 중시한 덕분 같습니다.

■ 다시 말씀드리지만 저 같은 지방대 출신 흙수저도 이만큼 해냈습니다. 저보다 훨씬 더 똑똑하고 잘난 청년과 장년들이 대부분일 텐데 주저할 것 하나도 없어요. 지금 바로 시작하시면 됩니다. 우선 기본기를 갖추는 겁니다. 그런 다음, 우리가 축적해온 기술과 노하우를 바탕으로 세계에 진출해 있는 우리 기업들의 도움을 받으면 얼마든지 발판이 마련됩니다.

■ 박회장님이 창조경제의 한 모델이시네요. 자, 그럼 어떻게 기본기를 갖출 것인지 알려주시죠. 회장님을 성공으로 이끈 창업 비밀병기들을 하나하나 짚어보지요.

결 結.

행동하는
인문학

어른들이 틀렸다

─────────

■ 어떻게 보면 제가 살아온 길이 참 단순합니다. 단순무식하게 남들 다 꺼리는 현장만 그냥 죽어라 판 거니까. 그래서 그전부터 저를 아는 사람들은 제가 아직도 어느 공장 사장인 줄 알아요. 공장 사장 맞습니다. 공장 사장하다가 공장이 여러 개로 늘면서 사장들한테 자리 내주고 회장이 된 거니까.

■ 그래서 회장님은 처음부터 우리 청춘들을 현장으로 내몰 작정이셨군요?

■ 그건 아니고요. 제가 뭐라고 남의 집 귀한 자식들을 현장으로 내몰겠습니까? 대기업·공기업 사무직 취업문은 좁고 생산직 자리는 활짝 열려 있으니까 비전을 보고 비교, 검토하라는 거지요. 현장이 빨라요. 누구 말마따나 유치원부터 대학, 대학원까지 20년 공부해서 기를 쓰고 들어가봐야 남의 회사 머슴살이, 그것도 고작 20년 하다가 나와요. 학교 공부가 머슴 공부도 아니고……

■ 대다수 젊은이들이 선망하는 직업이 대기업·공기업 사원, 법조인, 의사, 교사, 공직자입니다. 머슴이라기보다 상전이죠. 예전엔 공무원들을 공복 公僕이라고 불렀어요. 국가나 사회의 심부름꾼이라는 의미죠. 요새 자신을 공복이라고 여기는 공무원은 없을 겁니다. 그 어려운 경쟁률을 뚫고 들어갔으니 상전 대접을 받아야겠다는 거죠.

■ 좋습니다. 그 사람들은 상위 10퍼센트쯤에 해당하니까 박수 쳐줍시다. 별 땀 안 흘리고도 편히 살 수 있는 특권층으로 인정합시다. 상위 10퍼센트는 중고등학교하고 대학 때, 10년간 열심히 공부했지요. 그래서 명문대 가고 고시 패스하고 좋은 직장 얻었습니다. 그 사람들도 땀 흘려 창업하고 사회에 공헌하라고 요구하지는 맙시다. 그건 미국이나 유럽 같은 선진국 명문대 출신들의 경우니까요. 아직 우리나라는 편하게 돈 잘 버는 공기업 안 가고 힘들게 창업하려는 분위기는 아닙니다.

그럼 나머지 90퍼센트 대다수는 이제 어떡해야 합니까? 장학금 받은 상위 10퍼센트 수업료 나눠 내주고 같이 시험 쳐주고 사회에 나와서도 그 사람들을 상전으로 모셔야만 합니까? 상위 10퍼센트가 눈에 불 켜고 공부할 때 나머지 90퍼센트는 신나게 놀았지요. 아니 제 말씀은, 학창 시절에 공부보다 다른 쪽에 다양한 경험을 쌓았다는 겁니다. 컴퓨터 게임에도 빠져보고, 저처럼 운동이나 등산에도 미쳐보고, 뜨겁게 연애도 해보고, 여기저기 여행도 하고 그냥 멍도 때려보고…… 그러면서 자기 적성을 찾는 겁니다.

유럽은 대학 진학률이 30퍼센트도 안 되는데 우리는 80퍼센트나 된답니다. 너무 많이들 간다고 비판하지만, 그러지 맙시다. 대학교육 많이 받으면 사회에 교양인이 많아지는 거고 국가경쟁력도 커지는 것 아닌가요? 가려는 사람이 적어지면 정원도 차차 줄겠죠 뭐. 저는 인위적으로 정원 줄이려고 애쓰지 말고, 대학을 교양과정으로 여기자는 겁니다. 폭넓게 교양을 쌓으면서 자기 적성을 찾으면 되는 거니까요. 그랬다가 졸업하면 적성에 맞게 현장으로 가는 겁니다. 바리스타, 제빵사, 셰프, 보석세공사, 미용사, 현장 기술자, 각종 기능직으로……

중고등학교 때부터 대학 시절까지 적당히 공부하고 충분히 놀아봤으니까 이제부터 5~10년간은 빡세게 일해보는 겁니다. 상위 그룹 친구들이 공부에 매달렸듯 좋아하는 일에 빠져보자는 겁니다. 다들 머리 나빠서 공부 못한 거 아니지 않습니까? 그냥 공부에 취미가 없었던 거지요. 이제 취미도 있고 적성에도 맞는 일을 선택했으면 그 분야에서 최고가 돼야 안 억울하잖아요? 그러니까 남들 잘 안 가려고 하는 현장으로 들어가서 바닥부터 빡세게 다지는 겁니다. 제대로 배워서 일 한 번 크게 내라는 겁니다. 서울대 어느 교수는 그걸 '한 우물 파서 홈런치기'라고 하더군요.

■ '어느 분야가 됐건 무조건 현장으로 달려가라. 거기서 빡세게 일하며 창의적으로 생각하라. 성공하는 창업 노하우와 세계로 뻗어나가는 지름길이 거기에 있다' 이렇게 정리할 수 있겠군요.

구글 딥마인드의 CEO 하사비스Demis Hassabis는 철저한 현장 중심 이론가죠. 고등학교를 졸업하고 대학에 가지 않고 게임개발 업체에 취업을 합니다. 나중에 케임브리지 대학에서 컴퓨터과학을 전공하죠. 스티브 잡스Steve Jobs는 초창기에 아타리Atari라는 유명한 게임 회사에 취직을 했잖아요. 괴짜 프로그래머들이 많은 걸로 유명한…… 잡스는 그 회사에서 밤늦게까지 일하고 책상 밑에서 자고 그랬답니다. 일론 머스크는 20대에 실리콘밸리에서 낮에는 자동차 연료를 개발하는 피너클 연구소에서 인턴으로 일했고, 저녁에는 로켓 사이언스 게임스라는 신생기업에서 일했고요. 거기 사람들은 하루 24시간을 일했거든요. 그러니까 머스크가 다른 직장에서 근무를 마치고 오후 5시쯤 출근해도 전혀 이상하다고 생각하지 않았답니다. 같이 일했던 엔지니어 피터 배럿Peter Barrett은 일론 머스크에 대해 이렇게 말합니다.

"우리가 일론을 채용한 이유는 정말 하찮고 낮은 수준의 코드를 작성하기 위해서였다. 하지만 그는 그 사실을 알고도 조금도 동요하지 않았다. 얼마 지나자 아무도 일론에게 지시를 내리지 않았고 그는 자기 마음 내키는 것을 만들기 시작했다."

머슴 노릇이 아니라 자기 주도적으로 일하는 주인이었던 셈이죠. 그 일은 회사 일이 아니라 자기 일이었던 겁니다.

■ 우리는 그렇게 일하면 손해 본다는 생각부터 하잖아요. 그러지 말고 기술 훔치러 왔다고 생각해보세요. 하나라도 더 빼가려고 혈안이 되지 않겠어요?

대기업이나 공기업과 달리 중소기업 현장은 아직 거칠고 변수가 많을 겁니다. 그래도 시스템 전체를 배울 수 있는 곳은 그런 곳입니다. 대기업이나 공기업에서는 전체가 아닌 부분만 배울 수밖에 없어요. 거대조직이니까 변화와 혁신도 어렵고요. 하지만 중소기업 현장에서는 기술과 영업, 연구개발, 마케팅까지 두루 배울 수 있는 장점이 있어요. 거기서 신바람 나게 일하다보면 길이 보일 겁니다.

2004년 외국인 고용허가제가 시행되고 한국은 외국인 노동자 100만 시대에 접어들었어요. 동남아나 몽골, 중국 노동자들이죠. 그 사람들 없었으면 제조업 한국의 명예는 진작 추락했어요. 우리나라 젊은이들은 제조업 쪽에서는 도무지 일을 하려고 들지 않으니까요. 전통적인 제조업 강국 코리아가 조강지처 버리고 IT업종과 서비스업에만 눈이 멀었어요. 그사이 한국 제조업은 결딴이 나버린 겁니다. 정부도 자꾸 스타트업 기업 위주로만 지원하는데 생각이 짧은 정책입니다. 새로 시작해서 뿌리 내리고 자리 잡으려면 얼마나 힘들어요? 이미 잘해오고 있는 제조업의 고충을 해결하고 업그레이드할 수 있게끔 도와주는 게 쉽죠.

일자리가 없다고요? 튼실한 중소기업들이 오늘도 인력난 때문에 허덕이는 거 아세요? 다 사람 사는 곳이고 좋은 일자리입니다. 우리 젊은이들이 안 하려고 하니까 손재주가 떨어지고 말도 잘 안 통하는 외국인 노동자들한테 기댈 수밖에 없는 거지요. 그 사람들은 우리의 선진기술을 배우고 돈도 벌어 자기네 나라에 돌아가서 창업합니다.

■ 왜 우리 청년들은 현장노동을 그렇게 꺼려할까요? 급여가 훨씬 못한 카페나 편의점 아르바이트를 더 선호하거든요.

■ 그게 편하고 쉬워 보이니 그렇겠죠. 임시로 몇 달만 하는 거니까 마음도 가볍고요. 그런데 정식으로 생산직 노동을 하면 그게 평생직장이 될 것 같아서 두렵겠죠. 대기업으로 옮겨 가기도 쉽지 않은 구조고요. 청년들 잘못 없어요. 어른들이 틀렸어요. 자식 귀하다고 힘든 일은 아예 못하게 교육시켰죠. 우리는 손에 흙 묻히고 피땀 흘려가며 먹고살지만 너희들은 어쩌든지 편히 살아라. 어릴 적부터 귀에 딱지가 앉도록 밥상머리 교육을 시켰지요. 의사 돼라, 판검사 돼라, 공무원이라도 해라. 그렇게만 주문했지, 직업에는 귀천이 없다, 뭘 하더라도 성실하라고는 안 가르쳤어요. 우리 젊은이들이 효심이 각별하니까 그런 부모님 말씀 충실히 따르려고 몇 년씩 고시원 들어가서 공무원 시험 칠 준비하고 안 되면 편의점 아르바이트나 하면서 편히 살 궁리를 하는 거죠. 의사

나 판검사, 공무원 되기가 어디 쉬워요? 자리가 정해진 거라서 뚫고 들어가기 어렵죠. 그래서 대개가 비정규직이 돼버리는 겁니다. 비정규직 수가 이미 800만을 넘어섰어요.

■ 명문가의 자식 교육은 밥상머리 교육의 힘이라던데, 회장님은 거꾸로 밥상머리 교육의 병폐를 지적하시는군요.

■ 아니, 밥상머리에서 '참되게 살아라, 비지땀 흘리더라도 정직하게 살아라. 행여 약한 사람들 고달프게 하지 말지 말고 봉사하면서 떳떳하게 살아라!' 그렇게 가르쳐야 옳지, 고생하지 말라고 가르치면 남 등골 빼먹고 살라는 말과 뭐가 달라요? 생각 모자란 부모들이 자식 교육 다 망쳐놨어요. 대학까지 보내주고도 결혼시켜줘, 살림 내줘, 손자들 키워줘…… 늙어 꼬부라져 죽을 때까지 자식들 뒷바라지만 하다가 가는 겁니다. 부모는 자식을 무한 책임져야 한다고요? 그게 어느 나라 전통입니까? 길러주고 가르쳐준 대신에 늙으면 효도받는 게 옳지요. 국가가 할 몫이 있고, 자식이 할 몫이 따로 있어요. 노후연금 타면 행복하고 못 타면 불행하고, 자식들은 폼으로 길렀답니까? 효도는 인간이 동물과 다르고 서양과도 다른 우리 동양의 미풍양속 아닙니까?

저희 부모님 보세요. 대학 공부까지만 시켜주고 일체 땡전 한 푼 안 주셨습니다. 밥상머리에서 늘 근면성실하게 일해라, 공돈 탐내지 마라 가르치셨죠. 무직자로 서울 와서 생활고에 찌들고 창업할 때, 단돈 만 원이 아쉬웠는데 어림도 없었어요. 당시에는 많이 섭섭했지요. 하지만 지나고 보니 그게 산 교육이었어요. 독립심 길러주고 땀 흘려 일해서 스스로 일궈야 한다고 가르쳐주신 거죠. 우리 형제들은 부모님한테 끔찍이 잘합니다.

■ 우리는 매순간 셈을 해야 하는 시장경제 체제에 살고 있습니다. 하지만 자식농사만큼은 이자도 못 건지는 투자라더군요. 우리 부모 세대는 그걸 기꺼이 감수했지만 베이비부머들과 그 이후 세대는 다릅니다. 자신들 살 궁리를 안 할 수가 없게 됐으니까요.

■ 김소장님이 사랑과 노동에는 종교나 국경, 이념을 녹여내는 마법의 힘이 있는 것 같다고 했죠? 노동을 하고 밥을 먹어보면 압니다. 맛있는 음식의 기준이 달라져요. 요즘 방송마다 요리 프로그램이 대세죠. 사람들이 흔히 맛있으면 비싸고, 비싸면 맛있다고 여깁니다만, 그렇지 않아요. 땀나게 일하고 먹는 밥은 언제나 맛있어요. 우리 어른들이 귀한 자식들한테 그걸 알려줘야죠. 귀하다고 손 하나 까딱 못하게 키울 게 아니라…… 내 힘으로 벌어서 좋은 식재료 사다가 식구들을 위해 몸소 요리하고 설거지도 하는 게 얼마나 즐거운지 가르쳐줘야죠.

■ 잘못된 세뇌교육이 우리를 망쳐놨군요. 세뇌교육이 너무 길어지면 메트릭스 세계에 빠져서 살게 되지요. 육체노동하지 않고 사는 게 편하고 좋은 것처럼. 인간은 사지를 편안히 두고서 사는 식물이 아니라 종횡무진 활동하는 영장동물이잖아요. 편하게 살라고 가르치는 건 자기 정체성을 깨닫지 못하게 만들고 돈의 노예로 만들어버리는 죄악입니다.

■ 진짜 행복은 머리가 아니라 몸으로 느끼는 겁니다. 뇌과학자들이 그러잖아요. 사람 머리는 기억조차도 편의대로 왜곡해서 저장한다고요. 근육으로 느끼고 기억해야 건강해요. 그 근육이라는 것도 실내 피트니스센터에서 운동해서 만든 것하고 현장에서 노동하면서 만든 것이 달라요. 제가 딱 그런 타입이죠. 학자나 혁명가의 머리라기보다 농부의 손발 같은…… 그런 걸 더 좋아하기도 하고요.

■ 역할이 서로 다르죠. 저 같은 인문학자나 예술가도 필요하고 들이나 바다, 제조업현장, 공사현장에서 땀 흘려 일하는 농어민과 근로자도 필요하죠.

■ 물론 좋은 일자리가 많으면 더 쉽게 일하고 편하게 살 수도 있겠지요. 산업화 세대인 우리 부모 세대들은 세상 누구보다도 열심히 일했습니다. 6·25로 폐허가 됐을 때 강산에 나무 심고 도로 닦고 공장을 세웠지요. 그 공장에 불을 밝히고 철야작업해서 수

출상품 만들어 팔았습니다. 산업화 주역들이 손가락 발가락이 뒤틀리도록 일해서 이만큼 성장했어요. 얼마나 자랑스럽습니까? 아시다시피 우리 세대만 해도 취업 걱정은 별로 안 했잖아요. 지방대라도 대학물만 먹었다면 몇 군데를 골라서 들어갔어요. 그게 우리가 잘나서가 아니라 우리 윗세대가 만들어놓은 밥상에 수저만 얹은 거죠. 그래서 편하게 살아왔어요. 다음 세대들 일자리를 만들 생각조차 안 했던 거지요. 그러니까 우리 세대 잘못도 아주 큽니다. 우리는 윗세대가 차려놓은 밥상을 받아먹기만 했지 다음 세대가 먹을 밥상은 안 차려준 거죠. 그 대가를 우리 아들, 조카 세대가 치르고 있는 거고요.

지금이라도 우리 세대가 21세기에 걸맞은 창의적인 성장엔진을 만들어내지 못하면 미래가 없어요. 그런 면에서 우리는 지금 위기예요. 잠이 잘 안 올 지경입니다.

생각은 경험을 먹고 자란다

■ 창업가 되기 별로 어렵지 않네요. 《손자병법孫子兵法》에 "전쟁에 승리하는 자는 먼저 이긴 다음에 전투에 임하고, 전쟁에 패배하는 자는 우선 싸운 다음에 승리를 구한다勝兵 先勝而後求戰 敗兵 先戰而後求勝"고 했습니다. 전쟁에 승리하는 자는 먼저 필승의 여건을 마련한 뒤에 싸우죠. 반대로 패배하는 자는 상황과 여건에 별 준비 없이 그냥 맞닥뜨려 싸우다가 참패당하죠.

■ 철저한 준비 없이 하는 창업은 망하는 지름길입니다. 그 많은 프랜차이즈가 좋은 예죠. 5~10년을 바닥부터 다질 생각만 한다면 할 일이 태산같이 쌓였어요. 처음 내딛는 발걸음이 두렵지 하다 보면 어려울 게 하나도 없어요. 사실 저는 우리 그룹을 전문경영인한테 맡기고 창업사관학교 같은 걸 만들고 싶어요. 창업자 DNA 같은 게 생기면 자꾸 새로운 일을 시작해서 반석에 올려놓고 싶은 열정이 솟아요. 우리 시대 젊은 사람들하고 어깨동무하면서 신바람 나게 한번 창업 열풍을 일으키고 싶어요. 우선 대전

에 있는 모교 목원대를 디딤돌 삼아 시작해보려고요.

■ 좋습니다. 과연 열정적이시군요. 워커홀릭처럼 28년간이나 일에 매달리
셨으면 이젠 좀 쉬엄쉬엄하고 싶으실 만도 한데……
회장님이 맨땅에 헤딩하듯 창업했던 80년대 말과 지금은 상황이 많이 다
르잖아요. 창업에 대해 너무 낙관하시는 건 아닌가요?

■ 비관적인 상황이니까 낙관적인 방책을 내놓고 밀어붙이는 겁니
다. 저 같은 창업자나 대개의 기업가들은 다들 낙관론자들일 겁
니다. 낙관적인 태도는 보통 유전된다고 하잖아요. 모든 면을 긍
정적으로 보기를 좋아하죠. 저는 낙관론자들이 내린 결정이 시대
를 변화시켰다고 봅니다. 정치도 마찬가집니다. '별로 하는 일도
없이 싸움질만 한다'고 만날 국민들에게 욕 얻어먹어가면서도 잘
할 수 있다고 큰소리 치고 표를 구걸하잖아요.

■ 그렇군요. 《피그말리온*Pygmalion*》을 쓴 극작가 버나드 쇼George Bernard
Shaw가 이런 말을 했습니다. "우리 사회는 낙관론자와 비관론자를 모두
필요로 한다. 낙관론자가 비행기를 발명하면 비관론자는 낙하산을 발명
한다." 이 사람 묘비명이 "우물쭈물하다가 내 이럴 줄 알았지"예요. 저는
세상이 낙관론자와 비관론자가 서로 보완하면서 발전해왔다고 봐요. 창
조적인 마인드가 세상을 바꾸죠. 인간세상의 본질에 대해서 너무 잘 알아

버려서 더 이상 아무것도 기대하지 않는 염세주의자, 가망 없는 희망을 붙들고서 그저 막연히 잘되겠지 하는 순응주의자는 무임승차자일 뿐이죠.

■ 하하. 재밌네요. 자동차의 엔진이 있어야 브레이크도 필요한 거겠지요. 저는 젊은 사람들이 낙관론자와 비관론자, 그 어느 쪽이든 좋은데 제발 염세주의자나 순응주의자는 되지 말았으면 합니다.

■ "정치는 열정과 균형감각, 이 두 가지를 다 가지고 단단한 널빤지를 강하게 그리고 서서히 뚫는 작업이다. 만약 지금까지 '불가능'에 도전하는 사람들이 계속 나타나지 않았더라면, 인류는 아마 가능한 것마저도 이루어내지 못했을 것이다. (…) 자신이 제공하려는 것에 비해 세상이 너무나 어리석고 비열하게 보일지라도 이에 좌절하지 않을 자신이 있는 사람, 그리고 그 어떤 상황에서도 '그럼에도 불구하고' 이렇게 말할 수 있는 사람, 이런 사람만이 정치에 대한 '소명'을 가지고 있다."
정치사회학자 막스 베버의 명쾌한 정리는 고개를 끄덕이게 만듭니다. 세상 모두가 조롱하고 안 된다고 말려도 끝까지 희망을 말하고 추진하는 사람만이 정치가가 될 수 있는 거랍니다.

■ 하지만 경제는 달라요. 밥 먹는 문제는 내일 해결해도 될 문제가 아니라 오늘의 현실입니다. 당장 안 먹으면 굶어 죽어요. 제가 벌써 10년 전부터 한국경제를 구조조정해야 한다고 경고했어요.

당장 구조개혁을 안 하면 국내 제조업이 더 버텨낼 수 없고 한국 경제가 늪에 빠질 거라고요.

지금 한국경제에 성장 동력이 없어요. 인체로 말하면 심장이 힘차게 뛰어야 하는데 그게 멎고 있는 겁니다. 현장 경영자와 경제 전문가들은 모두 아는데 정치하는 사람들과 공직자들이 수술대에 가까이 가려 들지 않아요. 내 임기 중에는 칼질을 안 하고 버티면서 떠넘기려고만 해요. 폭탄 돌리기지요. 구조개혁을 안 하고 돈 풀고 부동산 띄우기에만 급급했어요.

■ 정치라는 게 본래 집권세력이 일을 저지르고 그 책임은 국민이 골고루 나눠서 지는 거잖아요.

■ 더 구체적으로 말해볼까요? 우리나라 6대 주력산업이 전자·전기, 자동차, 철강, 조선, 석유·화학, 일반기계예요. 이게 말하자면 경제성장의 버팀목이었던 거죠. 70년대 이후에 이 여섯 개 산업이 생산과 수출 면에서 모두 내리막길입니다. 조선은 이미 최악이죠. 그래서 다들 이제 한국 제조업은 끝났다고 하잖아요?

하지만 저는 다르게 생각해요. 제조업은 국가경쟁력의 근간입니다. 다른 산업보다 이익률이 높아요. 인류가 있는 한 아마 제조업은 영원할 겁니다. 독일, 일본, 스웨덴 같은 나라들 보세요. 선진국일수록 전자, 기계, 철강 같은 제조업이 막강합니다. 미국은 '리

메이킹 아메리카', 독일은 '산업 4.0', 일본은 '산업재흥'을 외치면서 구조개혁을 단행했어요. 한국 기업들도 기술력을 높이고 고부가가치 제품을 만들어서 수익성을 확보하면 돼요.

늦었지만 지금부터라도 하면 됩니다. 7년 된 병에 3년 묵은 쑥 찾기라고, 묵은 쑥 찾아다니다 허송세월 보내지 말고 지금 쑥을 베어 말리는 겁니다. 그랬다가 3년 묵혀서 쓰면 묵은 병 고칠 수 있어요.

■ 우리는 노동현장으로 가거나 벤처 창업하는 걸 두려워할 뿐만 아니라 낙오자쯤으로 여기는 풍토입니다. 대기업 다니다가 창업하면 미국에선 '축하해, 부럽네' 한다는데 한국에선 '미쳤냐'고 한답니다. 회장님 경우는 일반 창업을 했다가 벤처로 창조적 변용을 했다고 할 수 있겠네요.

■ 우리 사회에 실패해도 다시 일어설 수 있는 기반이 없어서 그래요. 그 역시 어른들 잘못입니다. 이 경우 어른은 기득권층이고 대기업입니다. 잘되겠다 싶으면 제값 주고 M&A해줘야 하는데 대기업들이 기술만 쏙 빼가버려요. 미국 벤처는 90퍼센트가 M&A되는데 우리는 고작 3퍼센트랍니다. 엔젤투자도 마찬가지 비율이고요. 벤처 지원은 정부보다 기업이 해야 성공률이 높아요.

■ 공무원을 지망하는 청년들이 많지요. '신神의 직장'이라고…… 공무원들

은 치열한 경쟁을 거쳐 뽑힌 사람들이지요. 모나지 않으려고만 하지 말고 조금만 더 능동적이면 좋을 텐데……

■ 이제 공무원들도 변할 수밖에 없어요. 안 그러면 지방자치의 기반이 무너지고 말 겁니다. 경제 사정이 더 나빠지면 신의 직장이라고 부도나지 말란 법 없습니다.

능동적인 공무원들도 늘고 있어요. 2012년에 우리 그룹이 대전에서 딴 데로 공장을 옮기려고 부지를 찾고 있었거든요? 계열사들이 전국에 흩어져 있어서 한데 모으고 물류비용도 아끼려고요. 그때 마침 충청남도와 논산시가 논산시 연무읍에 농공단지를 조성하고 기업투자를 유치하려고 했었어요. 지역경제 활성화 차원이었죠. 그러다 논산시에서 어떻게 우리가 공장 옮긴다는 소식을 들은 겁니다. 논산시 황명선 시장이랑 그쪽 공무원들이 서울에 출장 올 때마다 우리 회사 서울사무소에 찾아왔어요. 자기네들 쪽에다가 공장 지어달라고. 투자보조금도 주고 세제도 지원해주겠다고요.

우리 회사는 애초 5만 평이 필요했다가 나중에 3만 평이 더 늘었어요. 그랬더니 논산시 공무원들이 농림축산식품부를 몇 번이나 찾아가서 농지 3만 평을 추가로 확보해놓고 승인까지 받아놨어요. 그러더니 충남 안희정 지사까지 나서서 저를 설득하더라고요. 대전 시내 곱창집에서 안희정 지사, 황명선 시장, 저 이렇게 셋이서 만나 소주잔 기울이면서 지역경제 활성화 얘기를 했어요. 셋이서 소주잔으로 러브샷까지 했습니다. 그해 6월 14일에 투자 유치협약을 체결했지요. 지금은 스마트공장을 세워서 풀가동 중이고요. 모범사례를 남겼다며 나중에 청와대 초청행사 때 대통령한테 격려까지 받았습니다.

■ 박회장님이 현장 경험과 자기만의 깊은 사유가 잘 버무려질 때, 창업해서 성공할 가능성이 크다고 말씀하신 적이 있는데 《논어》에서는 "배우기만 하고 스스로 생각하지 않으면 체계가 없고, 생각만 하고 배우지 않으면 오류나 독단에 빠질 위험이 있다學而不思則罔, 思而不學則殆"고 합니다. 한마디로 '학이사學而思'죠. 배운 다음 사유하는 겁니다. 여기서 학學은 책으로 배우는 게 아닙니다. 몸과 마음으로 익히는 모든 것이 다 배우는 것이죠.

■ 그 대목 참 맘에 듭니다. 잔머리부터 굴릴 생각하지 말고 먼저 발로 뛰어보라는 얘기네요 뭘. 그래요. 경험하는 모든 게 다 배움입니다. 배운다는 게 시간 들이고 땀 흘리면서 경험하는 것이고요. 생각한다는 건 땀 흘린 경험을 통해 뭔가 새로운 것을 생각해내고 만들어내는 게 아닐까요? 창조적인 발상 같은 거 말입니다. 그런데 땀 흘려보지 않고, 현장 경험 없이 자꾸 창조를 들먹이는 건 모래 위에 집 짓는 거죠. 뜬 구름 잡는 소리라 이겁니다.

청년이란 무엇인가

─────────

■ 박회장님은 중견기업 창업자신데도 참 수수하십니다. 생활도 검소하시고요. 창업해서 돈을 버는 건 화려하게 누려보려고 그러는 거 아닙니까?

■ 저는 아직 집 한 채가 없습니다. 저나 아내 이름으로 된 집이 없고 서울이나 대전 집 모두 월세예요. 돈이 없어서가 아니라 집에다 수십억을 묶어두는 게 낭비 같아서 줄곧 회사에 쏟아붓고 자기계발하는 데 씁니다. 공동 창업자인 아내가 전원에서 텃밭 가꾸며 살고 싶어하는데 그것도 회사 연수원으로 만들 참입니다. 기업하는 사람이 부동산에 투자했다가 그 이익이나 보려고 하면 그 사람은 기업가가 아니라 부동산 투기업자지요.

창업이 그냥 돈 버는 일이 아니에요. 전에도 말했지만 꿈을 펼치는 일이죠. 보통 사람 기준으로 100억 이상의 돈이 무슨 필요가 있겠습니까? 그 돈이면 집도 사고 좋은 자동차도 사고 아담한 건물도 사서 충분히 안정적으로 살 수 있지요.

그 이상의 돈은 사회자본이고 공공재라고 봐야지요. 창업이 물론 돈벌이, 밥벌이도 되지만 그걸 넘어 꿈을 펼치는 대업大業이지요. 그 대업에 젊음을 걸어봤으면 좋겠습니다. 창업자만이 느낄 수 있는 보람이 있어요. 수백 수천 명의 직원들을 식구로 데리고 함께 사는 일인데, 책임도 크지만, 생각해보세요, 얼마나 벅찬 일입니까?

■ 창업이 돈벌이, 밥벌이를 넘어 꿈을 펼치는 대업이란 말씀이시죠. 《주역》에 '성덕대업盛德大業'이라는 말이 있습니다. '성대한 공덕과 위대한 업적'이라는 뜻이지요. 국가나 기업 창업에 딱 걸맞은 말입니다.

■ 새로운 일에 도전하고, 언제 어디서든 주도적으로 일할 수 있으면 누구나 청년이라고 생각해요. 나이와는 관계가 없어요. 그런데 이 100세 시대에 대부분 고작 60세면 정년퇴임해요. 10년, 20년은 거뜬히 더 일할 수 있는데도 일에서 손을 놓아버리지요. 그러면 그 순간부터 더 이상 청춘이 아니라 그냥 늙어버리는 겁니다. 그렇게 30년 이상을 버티다 죽으면 인생이 너무 아깝지 않습니까? 죽기 전까지 젊게 살다 가려면 젊은 사람들도 그렇지만 중년들도 인생 2막을 미리미리 준비해야지요.

65세 넘으면 지하철 같은 대중교통 수단이 공짜지요. 사실 그거 공짜 아니에요. 공공재죠. 손자들한테 기대 빌려 타는 거고 손자들 신용카드 대신 긁으며 사는 겁니다. 그러니까 다들 공짜로 타지 말고 여유가 있으면 돈 내고 떳떳하게 탈 줄도 알아야 한다고 봐요. 그런 사회가 진짜 복지사회입니다.

■ 새로운 일에 도전하면 그게 바로 청년이라는 말에 공감합니다.
"인생의 황금기는 65세에서 75세 무렵입니다. 일하려고 노력하면 늙지 않지요. 활동 공간이 넓어지면 안 늙어요. 정신적으로 성장하는 동안은 늙지 않는 겁니다."

100세를 바라보는 원로 철학자 김형석 교수의 말씀입니다. 그분 혼자만의 생각이 아니라 동갑내기 철학자 故 김태길, 안병욱 교수와 셋이서 의견 일치를 본 결론이라고 하네요. 65세에서 75세쯤은 돼야 비로소 생각이 깊어지고, 행복이 뭔지, 세상을 어떻게 살아야 하는지를 알게 된다는 거예요. 우리 청장년들이 조급해하지 말고 멀리 보고 가야 할 이유인 것 같습니다.

■ 지금 대한민국에 약 540만 개의 크고 작은 기업이 있습니다. 100대 기업 노동자가 5퍼센트 정도고 중소기업 노동자는 70퍼센트가 넘습니다. 대부분 작은 기업에 다니면서 먹고산다는 말입니다. 물론 이런 중소기업은 대기업에 납품하는 협력업체가 많아요. 그래서 대기업은 대기업대로 뻗어나가고, 그런 대기업과 협력하면서 좋은 일자리를 창출하는 중소기업이 많아져야 모두가

행복한 세상이 돼요. 작지만 파워풀한 강소기업, 히든챔피언이 많은 유럽이 좋은 예입니다.

알파고 같은 인공지능이 나오면 일자리가 많이 사라질 거라고들 하죠. 이런 때일수록 우리 인간만이 할 수 있는 좋은 일자리를 많이 만들어야 하는데 우리 청년들과 중장년들은 창업을 두려워해요. 기껏 해봐야 남들 다 하는 동네 치킨집 아니면 카페나 편의점, 미용실입니다. 맥도날드 전 세계 매장수가 3만 5,000개인데, 국내 치킨집이 몇 갠 줄 아십니까? 3만 6,000개나 된답니다. 그 많은 치킨집 10곳 중 4곳이 3년 안에 문을 닫아요. 애초부터 가야 할 길이 아니었던 거죠.

직장도 안정적인 곳만 찾지요. 공무원이나 교사, 대기업 사원이 되려고 선착순 달리기하듯 박 터지게 경쟁해요. 신문에서 보니까 우리 젊은이들 꿈이 안정적으로 세 받아먹고 사는 건물주라고 하더군요. 현실이 얼마나 힘들면 그렇겠습니까?

저는 선천적으로 경쟁에 취약한 사람이에요. 누구를 이기는 건 관심사가 아니었지요. 그래서 입사시험도 안 보고 산업현장에 뛰어들었어요. 남이 시키는 일 말고 자기 일을 찾아 열심히 할 수 있는 성격이라면 창업을 권합니다. 꼭 그럴듯한 일을 찾아 스타트업만 하라는 게 아닙니다. 귀농이나 귀어도 벤처예요. 농업기술을 잘 익혀서 농업이나 수산업도 해외로 나가야 합니다. 일본 보세요. 아르헨티나 대농들은 거의 일본인입니다. 우리한테는 베트남 같은 나라가 적격입니다. 베트남은 농작물에 따라 1년에 3~4모작이 가능해요. 전 세계 유통 물류비용도 한국보다 저렴해서 유리하죠. 때마침 한류 열풍도 불잖습니까? 거기에 편승해서 전 세계로 진출할 수가 있습니다. 우리는 어릴 적부터 광개토대왕 정신을 배웠는데 뭐가 겁나요? 이 좁은 땅에서 좀 벗어나 세계무대로 가야죠.

지금 한국 중소기업은 운영할 사람이 없어서 걱정입니다. 창업자들은 지쳤고 2세들은 안 물려받으려고 하죠. 한계에 다다른 중소기업들을 인수합병해서 경쟁력을 높일 수도 있는 겁니다. 예컨대 10개 중소기업에서 각각 5명의 연구개발팀이 있었다고 합시다. 모두 합치면 50명인데 한 기업에서 인수합병해서 20명의 연구원만 둬도 최강의 멤버가 되죠. 그러고도 나머지 30명의 인력을 줄일 수 있으니까 경쟁력이 커지죠. 마케팅팀도 마찬가지입니다. 그런 게 창조경제지 창조경제가 따로 있습니까? 스타트업보다 더 중요한 일이에요.

제조업이 해외에 먼저 진출해서 성공하면 금융도 따라 나가서 성공할 수가 있습니다. 그동안 해외금융투자로 성공한 적이 있었습니까? 그런데 해외 진출 기업이 많아지면서 해외금융업도 성공하고 있어요.

■ 청춘 사전에는 실패란 말은 없다네요. 젊었을 적에는 실패했을 때 낙담하

고 물러섰는가, 아니면 용기를 내어 재도전했는가가 성공과 실패의 기준이니까요. '한 청년을 잘 훈련시키는 것은 성城 하나를 빼앗는 것보다 값진 일'이라지요. 이 인터뷰를 진행하면서 준비하셨다는 청년창업 사관학교가 드디어 열렸다고 들었습니다.

■ 네. 지난 5월 30일 목원대 대학본부에서 박노권 총장과 제가 청년해외맞춤취업지원협약식을 가졌습니다. 이름은 '박도봉 글로벌 비즈니스 아카데미'라고 지었습니다. 매년 대학생 30명을 선발해서 2년간 베트남과 국내에서 해외맞춤 취업인재로 양성하고 현지 한국 기업에도 필요하다면 보낼 참입니다.

■ 알리바바Alibaba 그룹 회장 마윈馬雲이 한국에 온 적이 있는데, 방송에 출연해서 이렇게 말했지요. 언젠가 책을 쓰게 되면 '알리바바의 1001가지 실수들'이 제목이 될 거라고요. 실수와 실패를 두려워하지 말라는 거죠. 창업 사관학교보다 패자부활전 프로그램이 더 필요한 거 아닌가 하는 생각도 들더군요.

■ 그러자면 각 분야 전문 컨설턴트들과 막대한 자금이 필요해요. 정부가 나서면 형식적일 수밖에 없고 기업들이 나서야 하는데, 그런 여력들이 있는지 모르겠습니다. 역시 시간이 필요해요. 그때까지 각자도생할 수밖에요. 어설프게 시작했어도 현장에서 잔

뼈가 굵어지고 근육이 붙으면 그게 인큐베이터에서 큰 것보다 더 튼실할 수 있어요.

좀 냉정하게 한마디 하죠. 실패한 창업가에게 다시 기회를 주는 패자부활전, 언뜻 들으면 뭐 대단한 배려 같지만 그거 말장난입 니다. 창업해서 여러모로 다 좋았는데 2프로가 부족해서 실패한 거라면, 그것만 보완하면 반드시 재기할 수 있어요. 더 좋은 아이 디어로 무장하는데 왜 성공을 못해요? 그런 창업자가 투자제안 서 가져오면 저라도 발 벗고 나서서 엔젤투자해줍니다. 아이디어 가 좋아 시장성이 충분하면 걱정할 거 없어요. 해보지도 않고 자 꾸 이유나 달고 엄살떨지 말라고 하세요.

저 보세요. 젊었을 적 지지리도 못나빠졌었잖아요. 그걸 극복하 려고 쌔빠지게 노력하다보니 여기까지 온 겁니다. 공장도 사무실 도 없이 창업하고, 화장실 옆에서 밥해 먹어가며 일했지요. 청주 공장도 야심차게 출발했다가 낙동강 페놀사건 불똥이 튀어서 망 했고, 외환위기 때는 주거래은행이 부도나서 곤욕을 치렀어요. 2008년 금융위기도 넘겼고요. 시련이 닥치면 더 성공하고 싶어 지죠. 어설픈 대로 부딪치고 깨지다보면 강해져요. 아직 우리나 라 여건이 그래요. 선진국 기준에 맞추면 불평뿐이죠.

■ 안 그래 보이시는데 회장님은 아직까지도 열등감 같은 게 있으십니까?

■ 아, 왜 없겠습니까? 제가 콤플렉스 덩어리잖습니까? 어렸을 적 소아마비 때문에 운동 시작했고, 제가 못났으니까 공주 같은 아내 만났죠. 내세울 게 없어서 3D업종에 뛰어들었고요. 학벌이 안 좋으니까 명문대 교수들 찾아다니며 연구개발했잖아요. 사실 김소장님이 질문을 깊게 던지시니까 답변이 길지, 평소에는 전문가들 앞에서 얘기도 잘 안 해요. 무식한 거 탄로날까봐. (웃음)

■ 무식하다뇨? 박회장님 은근히 독서광이시던데요. 신문도 다 보셔서 시사에도 아주 밝으시고요. 해외출장 때는 늘 책 몇 권씩 가져가 읽으시잖습니까?

■ 다 경영 관련 책들이죠 뭐. 요새 김소장님하고 자주 만나 얘기하다보니까 문학책, 역사책, 철학책도 많이 읽어야겠다고 맘먹고 있습니다. 저도 '인문경영' 좀 해보려고요. (웃음)

■ 박회장님은 참 마디마디 자란 바위벼랑 위의 소나무 같습니다. 철사로 옭아매서 모양을 잡은 분재 말고, 천연 그대로 분재가 된 것처럼. 대교약졸 大巧若拙이지요. 큰 기교는 서툴게 보이는 법이지만 주도면밀하죠.

■ 하하, 원래 못생긴 나무가 명목名木이 되는 겁니다. 저는 분재보다 기둥이나 서까래로 쓸 만한 목재를 더 좋아합니다.

너 자신의 길을 가라

■ 진정한 시민이자 세상을 바꾸는 두려운 존재가 있죠. 바로 호민豪民입니다. 조선의 혁명가 허균은 〈호민론豪民論〉에서 "늘 해오던 방식에 익숙해져 지배받는 자는 항민恒民이다. 부당하게 착취당하면서도 원망만 하는 자는 원민怨民이다. 이들 항민과 원민은 두려운 존재는 아니다. 하지만 세상을 엿보다가 때를 만나면 자기의 뜻한 바를 펼치는 호민豪民이야말로 시민이자 두려운 존재"라고 했습니다. 우리 청장년들에게는 이 호민정신이 절실한 것 같습니다.

■ 맞아요. 경제현장에도 그런 호민정신이 필요합니다. 좋은 직장이 없다고 푸념만 하지 말고 본인이 창업해서 좋은 일자리를 만들면 됩니다. 그렇게 주도적으로 사는 청장년이 많아야 세상이 좋아집니다. 있는 것 나눠먹겠다고 싸우다가 산통 다 깨져요. 앞에서도 말했다시피 도전정신을 약화시키는 공짜 복지는 독입니다. 합리적 복지는 돈이 아닌 양질의 일자리 분배요 창업입니다. 제가 앞

서 말씀드린 대로 지금 자신이 잘할 것 같은 일이 있는 현장으로 달려가세요.

■ 사마천의 《사기史記》 〈화식열전貨殖列傳〉 한 대목을 볼까요?

> "오늘날 관에서 주는 녹봉도 없고 작위와 토지에 따른 수입도 없는데, 마치 이런 것들을 가진 것처럼 즐겁게 사는 사람이 있으니 이들을 일러 '소봉小封'이라 한다. (…) 부자가 되는 것에 정해진 직업이 있는 것이 아니고, 제물에 주인이 정해진 것도 아니다. 재능이 있는 자에게 재물이 모이고, 못난 사람에게는 기왓장 흩어지듯 재물이 흩어진다. 천금의 부자는 한 도시의 군주와 맞먹고, 수만금을 모은 자는 왕처럼 즐겼다."

사마천이 소개하고 있는 부자들은 저마다 독창적인 사업 방법과 수완이 있었습니다. 소금과 제철로 부자가 된 사업가, 목축업으로 이민족과 교역한 축산업자, 대규모 수레를 동원한 유통업자, 병든 말을 고치는 수의사, 행상, 화장품 판매상, 술장사, 심지어 도굴과 도박, 고리대금업으로 돈 번 사람들도 있지요. 사마천은 업종의 귀천을 가리지 않고 그들 모두를 부자로 봤습니다.

돈을 번 사람들의 성공 스토리는 예나 지금이나 흥미롭죠. 한漢나라 병씨氏는 대장장이로 출발해 행상을 거쳐 고리대금으로 막대한 재물을 모았는데, '엎드려도 물건을 줍고 고개를 쳐들어도 물건을 취하라'는 악착 같은 가훈을 남겼답니다. 고상한 명분과 의리를 찾던 유학자들은 꿈도 못 꿀 일이었죠. 유학자라고 돈을 싫어했을 리는 없고요.

■ 물론이죠. 유학자들은 돈은 좋아하면서 사농공상士農工商이라며 사업가를 맨 꼴찌로 쳤어요. 위선이죠. 창업해서 성공하면 일자리가 늘어나잖아요. 관료들은 국민 세금 받아서 그걸로 누리지만 사업가들은 자기들이 벌어서 직원들과 같이 누려요. 어느 쪽이 더 떳떳한가요? 자꾸 체면 따지고 남들 눈치 볼 거 없어요. 업종 가리지 말고 돈이 될 만한 거면 적극적으로 찾아서 속속들이 꿰뚫어봐요. 크게 웃을 날이 반드시 올 겁니다.

■ "너 자신의 길을 가라, 누가 뭐래도." 마르크스가 《자본론Das Kapital》의 서문에 쓴 말입니다. 단테Alighieri Dante의 《신곡Divina commedia》〈연옥편〉의 한 구절을 인용해 그렇게 옮겼지요. 우리가 어떤 일을 해도 말하기 좋아하는 사람들은 뭐라고 자꾸 흠을 잡고 안줏감으로 삼죠. 그런 거 의식할 필요가 없다는 말씀이시죠?

■ 맞습니다. 식상한 말 같지만, 사람은 딱 한 번 사는데 단 1초도 누가 대신 안 살아줘요. 내 인생 내 것이고 내가 주인공이란 말입니다. 소장님이 쓴 소설 있잖아요, 《장영실은 하늘을 보았다》에서 노비 장영실이 자신이 누군지 발견하면서 주인의식이 싹트잖아

요. 그러니까 그렇게 위대한 발명을 했죠, 장영실이. 주도적으로 살다보니까 그럴 수 있는 겁니다.

■ 기억해주셔서 감사합니다. 우리는 누군가에게 강요당하기 위해 이 세상에 태어난 것이 아닙니다. 내 삶의 주인공이 나라면, 나는 내 방식대로 숨을 쉬고 내 방식대로 살아야 옳습니다. 안 그러면 꼭두각시나 아바타죠.

■ 그렇습니다. 고등학교를 졸업했건, 전문대나 대학을 마쳤건, 아니면 다니던 회사에서 퇴직했건 간에 새롭게 출발하면서 "내 인생은 내 것이고 내가 주인공이다" 그렇게 선언하는 거예요. 그 순간부터 부모의 간섭에서 놓여나는 것이죠. 친구나 지인들 눈치 같은 건 안 봐도 돼요. 자기 인생을 살아야죠.

또 막상 새로 시작해서 현장에서 일하다보면 눈꼴신 일, 배알 꼴리는 일이 한두 개겠습니까? 그런 거에 연연하지 말아야 해요. 그냥 일하면서 경험 쌓는다 셈 치고 웃으면서 집어삼키세요.

창업하려는 분들한테 몇 가지 조언을 드리자면, 기술이 늘면 전공정이 한눈에 들어와요. 그럼 그다음부터는 그 분야 최고 전문가나 교수들을 찾아가요. 논문 찾아보고 학회활동을 하는 것도 좋고요. 석박사도 아닌데 무슨 학회냐고 하지 마세요. 산학협력 프로그램이라는 거 장식품 아닙니다. 현장은 이론이, 이론은 현장이 거울입니다. 서로 비춰보면서 발전하는 겁니다. 그래야 탈이 없어요. 그렇게 최신기술을 익히는 겁니다.

그다음에는 영업입니다. 영업을 뛰면서 실적도 올리고 재료 유통 과정을 마스터하세요. 관련 업종과 엮어서 시너지 효과를 내보세요. 분명 틈새시장이 보일 겁니다. 업계 최신정보와 동향을 파악하면서 적절한 때를 기다리는 겁니다. 물론 저처럼 믿을 만한 협력자가 있으면 좋겠지요. 혼자서 하기에는 너무 벅찰 테니까요.

■ 그렇게 창업한 다음에는 화장실 옆에서 밥을 해먹어야 합니까? 발에 깁스를 한 채로 하루 500킬로미터 이상을 뛰어다니고……

■ 아니, 김소장님! 어찌 그토록 천연덕스럽게 농담을 다 하십니까? 물론 그런 감투敢鬪정신은 있어야겠죠. 그러나 더 중요한 건 자기 덫을 치는 일입니다.

■ 덫이라뇨? 왜 자기 덫을 치죠?

■ 사업하다보면 '죽음의 계곡' 말고도 사실 매순간이 위기예요. 그때마다 별의별 생각이 다 듭니다. 웬만큼 성공한 다음부터는 다 털어버리고 돈 좀 챙겨서 편히 살고 싶은 유혹도 생겨요. 사업이라는 게 겉보기와 달리 너무 힘든 일입니다. 한 발만 삐끗해도 그야말로 훅 가버려요. 그래서 늘 긴장하며 살죠.

큰 사업가가 되려면 스스로 덫을 치고 퇴로를 차단하는 겁니다. 전투에 지면 타고 돌아갈 배도 없고 더 이상 밥해 먹을 솥도 없다는 절박한 상황을 스스로 만드는 거죠. 그래야 전투력이 생겨요. 그 어떤 악조건 속에서도 포기하지 않고 일어서서 마침내 성공하는 저만의 비밀병기예요.

■ 《손자병법》에서 말하는 '분주파부焚舟破釜'로군요. 배수진 치고 전쟁 치르듯 꼭 그렇게까지 해야 합니까?

■ 김소장님이 아까도 말씀하셨지만 우리나라는 한 번 실패하면 여간해서 다시 창업하기 어렵습니다. 그러니까 실패 보지 않으려면 촉을 곤두세워야 해요. 돌아갈 길이 없는데 무슨 해찰을 하겠습니까? 혼을 담아서 죽기 아니면 까무러치기로 매달리는 거죠. 오너가 그러는데 직원들이 게으름 피우겠어요? 조직 구성원이 일체감을 느끼면 성공한 겁니다.

불의 전차에 올라타라

■ 어느 언론대학원 교수가 SNS에 날선 비판의 글을 올렸더군요.

> 기업은 연구개발 안 하고 면세점만 먹으려 하고
>
> 정당은 환골탈태 안 하고 흉내만 내려 하고
>
> 방송은 편성혁신 안 하고 스타만 잡으려 하고
>
> 신문은 문제제기 안 하고 대중이 원하는 것만 쓰고
>
> 청춘은 개척할 생각 안 하고 공무원 시험에 매달린다.
>
> 모두들 쉽게 먹으려고만 한다.

박회장님 같은 벤처 출신 글로벌기업 경영자들이 우려하는 대로예요. 한국사회가 전반적으로 정체상태입니다. 그 역동적이던 성장 동력이 꺼져가고 있는 것이죠. 재충전하고 다시 용솟음칠 방법은 없겠습니까?

■ 김소장님이 예전부터 말씀하셨다시피 우리가 선진국을 발 빠르

251

게 추격해서 이만큼 왔지만 이제부터는 달라요. 추격자 전략으로
는 절대로 이 정체에서 벗어날 수가 없어요. 선도자 전략으로 전
환을 해야죠. 지금까지는 자동차나 컴퓨터, 선박을 잘 만들면 됐
고 발명할 필요가 없었지만 이젠 달라졌어요. 발명하고 혁신해야
성장할 수 있습니다.

지금은 ICT(Information and Communications Technologies) 분야의 기술혁
신으로 4차 산업혁명기라고 하죠. 지난 1·2·3차 산업혁명에서
처럼 신기술이 신문명을 열어왔어요. 인공지능, 사물인터넷, 로봇
공학 등을 잘만 활용하면 우리 청년들이 선호하는 새로운 일자리
가 만들어집니다. 과거보다 일을 많이 하지 않고도 생활이 여유
로워질 수도 있어요. 인공지능 때문에 일자리가 없어진다고 꼭
비관적으로 생각할 필요는 없어요.

급하게 달려오느라 띄엄띄엄 배웠던 것들도 기초부터 죄다 다시
짚어보면서 묘수를 찾아내야 해요. 정확히 그 답이 뭐라고 찍을
수는 없지만 분명 거기서 답을 찾아낼 수 있을 겁니다. 저의 진단
은 역시 세계로 나가는 전략입니다. 심장이 약해졌을 때는 종아
리 근육을 키워야지요. 그게 제2의 심장이 될 겁니다. 세계를 무
대로 힘껏 내달리다보면 종아리 근육도 붙고 심장도 다시 튼튼해
질 겁니다.

■ 네, 맞는 말씀인 것 같습니다. 인류사를 보면, 곧 망할 거라는 위기의식이

전혀 새로운 비전을 열어왔잖아요. 산업혁명 때, 기계에 일자리를 빼앗긴 노동자들이 기계를 때려 부쉈지요. 그 유명한 기계파괴 운동입니다. 그런데 지금은 기계의 도움으로 인간은 이전보다 훨씬 더 풍요로운 생활을 하고 있고 인구도 폭발했습니다.

박회장님은 제조업이 나라의 근간이라고 하시는데요. 제조업 한국의 저력이 맥을 못 추고 있는 것 같습니다. 알루코그룹도 베트남을 개척하지 않았다면 지금쯤 아주 어려워졌을 거라면서요?

■ 지금 어려움을 겪고 있는 여러 중소기업들이 연대해서 위기를 극복할 방안을 찾아야지요. 혼자 가면 못 가는 길을 여럿이 함께 가면 히말라야도 넘어요. 한국 열처리업계는 여전히 영세하고 3D업종으로 분류돼 인력난을 겪고 있습니다. R&D는 엄두도 못 내고요. 창업 1세대는 고령화됐는데 가업승계도 쉽지 않죠. 하지만 이 기업들한테는 그들만의 기술과 노하우가 있어요. 동종업계가 연대해 지주회사 형태의 모기업 중심으로 통합하면 돌파구가 열립니다. 경영전략을 수립하고 공동 R&D, 시장개척으로 대외경쟁력을 강화할 수 있지요. 한계에 봉착한 기업들은 조인트 벤처 Joint Venture 형태로 재창업할 수 있고요.

시대 환경에 맞는 새로운 비즈니스 모델을 만들어야 해요. 제가 28년 전 '장안종합열처리회사'를 세웠을 때의 영업 모델을 보면, 저는 지역 내 여러 중소기업이 필요로 하는 열처리 업무를 통합해서 대행해주었어요. 공장도 없고 사무실이 없어도 가능했죠. 물류비용 절감, 품질 향상, 원가 절감까지 원스톱 서비스로 제공해서 동반성장을 했지요.

전 세계적으로 보면 지금 제조업 르네상스 전략을 추진하고 있습니다. 독일은 제조업 경쟁력을 강화하려고 '인더스트리 4.0'을 추진하고 있고, 미국은 '국가 첨단제조업 전략계획'을, 일본은 '산업재흥플랜'을, 중국은 '중국제조 2025'를 추진하고 있고요. 물론 우리나라도 2014년에 '제조업 혁신 3.0' 전략을 내놨죠. 제조업 생태계를 개선하려고 몸부림치는 상황입니다.

제 경우에는 일본과 독일 제조업을 배워서 회사를 키웠습니다. 독일 제조업이 강한 이유가 1,000년 가까이 내려온 장인정신, 명품을 추구하는 창의성, 시장개척 능력입니다. 특히 대기업보다 R&D 투자가 강한 강소기업, 히든챔피언들은 분명한 경영철학을 가지고 있어요. 일자리와 사회적 가치 창출을 최우선으로 하고 있죠. 우리 기업들도 이윤 추구에만 급급하지 말고 좋은 일자리 창출과 사회적 가치를 중시하는 풍토로 바뀌어야 합니다.

■ 방안이 명쾌하군요. 회장님이 구원투수로 투입돼야 하는 거 아닙니까?

■ 제가 아니어도 마음만 먹으면 누구나 충분히 할 수 있는 일입니

다. 해당 분야 기업가라면 말이죠. 유럽은 정부의 규제 완화와 여러 가지 육성책으로 불경기를 극복해냈습니다. 세계적인 열처리 기업 바디코트는 이런 환경 속에서 탄생한 겁니다. 바디코트는 유럽은 물론 전 세계 열처리기업과 연맹해서 24개국 180개 지역에서 글로벌 비즈니스를 하고 있어요.

■ 바디코트는 회장님이 2000년도에 케이피티를 코스닥에 상장시키려고 했을 때, 합작사로 검토했던 바로 그 영국 기업 아닙니까?

■ 맞습니다. 우리나라 중소기업의 재무제표를 못 믿겠다고 해서 무산됐지요. 지금 생각하면 무산된 게 다행이지요. 독자적으로 상장시켰으니까요.

■ 국내에 바디코트 같은 글로벌기업이 탄생하려면 어떤 환경이 만들어져야 할까요?

■ 모기업 설립과 M&A에 필요한 각종 법률이 제정되어야 해요. 원샷으로 지원할 수 있는 제도가 어서 마련돼야지요. 그럼 우리도 바디코트 형태의 중소기업 연합 기업이 탄생하는 거죠. 그렇게 국내를 넘어 전 세계로 경제영토를 확장해야만 우리 중소기업이 생존할 수 있습니다. 안 그러면 차차 없어져버리고 말겠죠.

■ 위기가 분명하고 급선무인데 말씀을 담담하게 하시네요.

■ 이젠 이만한 일로 열 안 올려요. 우리나라는 규제 완화하고 법 고 치는 데 너무도 태만해요. 국민 위하고 기업 위한다면 이럴 수 없 어요.

■ 정부도 국회도 제대로 일해야 합니다.

■ 제가 경험한 사례입니다. 2000년 초였어요. 아들이 초등학교 때, 미국 동부를 여행했을 때죠. 홀어머니를 모시고 이민 와서 카센 터를 하는 교포를 만났습니다. 젊은 사람이었는데, 저더러 자동 차 부품업체를 하나 소개해달라는 겁니다. 당시에도 미국은 카센 터에서 자동차 부품을 해외 직구로 수입해다 쓰고 있었어요. A급 은 독일과 일본, B급은 한국, C급은 중국에서 구매했죠. 중간 유 통마진을 없애니까 고객은 좋은 제품을 저렴하게 쓰는 것이죠. 형편대로 상중하를 선택해서 말이죠. 그때 생각했어요. 아, 이거 다! 이 사람들은 개별적으로는 우리 한국인들보다 잘난 것도 없 다. 오히려 어수룩해 보이는데 선진국이 된 건 이런 좋은 시스템 덕분이로구나! 정치인들이 이렇게 법을 실질적으로 만들어서 서 민경제를 돕는 거죠. 우리는 몇 년 전에야 해외 직구를 허용했잖 아요. 독과점 수입업체들만 배 불려준 거죠.

또 있어요. 지금은 건축법이 바뀌어서 다중이용 건축물이나 고층 아파트의 실내 창호는 방화에 지장이 없는 재료로 시공하게 되어 있습니다. 화재가 나면 치명적인 유독가스가 나오거든요. 선진국에는 절대 못 쓰게 합니다. 우리는 최근까지도 허용했죠. 그걸 바꾸려고 별짓을 다했습니다. 고작 30~40명 직원들 데리고 어렵게 일할 때도 업체들과 조합을 만들어 별의별 시도를 다해봤어요. 산업통상자원부 소속 국회의원들 찾아다니며 호소하고 신문에 광고도 내봤어요. 그래도 절대 안 바뀌더라고요. 지금은 입법이 됐는데 시행이 안 되고 있는 실정입니다. 주택에는 기본적으로 화재에 약한 자재들은 못 쓰게 해야 돼요. 국민의 안전과 생명이 우선입니다. 옥시 사건만 봐도 충분히 짐작하잖습니까?

법을 시대에 맞게 세심하게 고쳐야 합니다. 국회의원과 관료들은 정말 국민 대다수를 보고 일해야 합니다. 현실과 맞지 않고 기득권만 보호해온 악법들이 아직도 너무 많아요. 국회의원이 실력이 있어야 해요. 현장에서 돌아가는 사정을 속속들이 구체적으로 잘 알아야 절실함을 깨닫고 고쳐요. 법을 세심하게 만들고 시행해야 공정한 세상이 되죠. 그러고 보니 제가 기업하는 사람인데 무슨 시민운동 하는 사람 같네요. (웃음)

■ 아닙니다. 저도 어지간히 따지는 사람이라서 충분히 공감합니다. 국회에서 어렵게 어렵게 입법을 했더라도 자기들 회사의 잇속만 챙기려는 기업들이

로비를 했겠죠. 국민의 안전은 아랑곳하지 않고 기득권만 챙겨주는 관계 기관도 문제로군요. 의정부 대봉 그린아파트 화재 사건으로 얼마나 많은 사상자가 나왔습니까? 불에 취약하거나 화재 시 유독가스를 배출하는 건축 마감재는 더 못 쓰게 해야 옳죠. 세월호가 준 교훈을 잊는다면 우리는 후진국입니다. 국민의 안전과 생명보다 우선하는 건 아무것도 없어요.

최근 하버드대 로스쿨이 80년 동안 써왔던 문장紋章을 더 이상 쓰지 않기로 했답니다. 로스쿨이 탄생할 때 재산을 기부한 로열 주니어 가문의 문장에서 로스쿨 문장을 차용했는데, 주니어의 부친이 대부분의 재산을 농장 노예들을 착취해서 일궜다는 사실이 드러난 것이죠.

자본가나 기업은 영리를 얻기 위해 재화나 용역을 생산하고 판매합니다. 따라서 돈이 되는 것이면 무엇이든지 하지요. 여기에 사람을 위한 배려는 뒷전일 수밖에 없습니다.

17세기 초, 네덜란드 동인도회사는 상선에 대포를 장착하고 일본·인도·인도네시아인 용병을 고용해서 인도네시아 군도를 식민지로 만들었습니다. 그렇게 200년간이나 지배한 이래, 기업은 늘 브레이크 없는 탐욕을 부려왔습니다. 아니, 기업이 그런 게 아니라 사람의 속성이 그렇습니다. 기업과 사람 모두 인문정신을 제대로 만나야 하는 이유입니다.

우리나라가 살기 좋은 나라가 되려면 시민이 함께 나서서 바꿔야 할 일들이 아주 많습니다. 돈 몇 푼 덜 들이자고, 아니 건축자재 회사들 좋자고 국민이 가정집에서까지 위험한 소재를 쓰는 게 말이 안 됩니다.

■ 아직까지도 떨쳐내지 못한 후진국 요소들입니다. 시민의식이 높아지고 눈 밝은 국회의원들이 늘고 있으니 차차 바뀌겠지요. 우리 딸, 아들, 조카 세대에게 보다 좋은 세상을 물려주려는 것이니까 이 쓴소리를 약으로 받아들였으면 좋겠습니다.

■ 인문학은 무기력하고 장식품에 가깝지만 현장정신을 담고 행동으로 이어질 때 강력해집니다. 춘추시대를 살았던 공자는 당대에 아무것도 고치지 못하고 상갓집 개처럼 떠돌았지만 오늘날 그 진가를 발하고 있지요. 소크라테스는 또 어땠습니까? '진리가 우리를 자유롭게 하리라'는 신념으로 유럽사상을 창시했습니다. 이 신념은 플라톤을 거쳐 기독교로 이어졌고 근대 휴머니즘이 탄생하지요.

> "소치는 목동이 소떼가 줄고 소들이 말라가는데도 자기가 서툰 목동임을 인정하지 않는다면, 이것은 기묘한 일이다. 그런데 만약 국가 지도자가 시민의 수를 줄어들게 하고 국가 도덕의 질을 저하시켜놓고도, 그걸 부끄럽게 생각하지 않고 자신이 형편없는 지도자라고 각성하지도 않는다면, 그것은 더더욱 기묘한 일일 것이다."

참주僭主들의 독제 체제는 8개월 만에 민주제로 돌아갔지만, 소크라테스는 청년들을 선동했다는 죄목으로 고소당하고 독배를 받습니다. 그렇지만 오늘날 소크라테스의 어록은 귀감이 되었지요.

■ 저 같은 기름밥이 다다를 수 없는 경지입니다. 거듭 말하지만 저는 누구의 멘토가 될 주제가 못됩니다. 정말 어렵게 몸을 일으켜 겨우 적자나 면한 제조업의 큰 머슴일 뿐입니다.

■ 박회장님처럼 겸손한 부자들이 많은 세상이 됐으면 좋겠습니다. 혹시 멘토가 있습니까?

■ 아뇨. 저는 멘토가 없습니다. 살아 있는 사람을 멘토로 삼으면 도중에 실망하기 쉽고, 죽은 사람은 생기가 없잖아요. 누구에게나 멘토 자질이 있다고 생각해요. 멘티들에게도요. 묵혀버리고 안 쓰면 사라지지만 찾고 계발하면 드러납니다.

■ 자, 이제 이야기를 마무리할 때가 되었군요. 박회장님이 처음에 말씀하셨던 대로 금수저·흙수저론이 아니라 땀 혈통론이 주류가 되는 세상을 기대해보겠습니다. 단도직입적으로 질문을 드려보자면, 자녀들에게 재산을 물려주실 겁니까?

■ 아시다시피 저는 100억 이상의 돈은 개인이 갖고 있을 필요가 없다고 보는 사람입니다. 그래서 집도 없지요. 물론 딸하고 아들한테 과도한 재산을 물려줄 맘도 전혀 없습니다. 다만 기업승계 문제는 부의 세습과는 구별해야 한다고 봐요.

■ 그게 무슨 말씀인지요?

■ 대한민국이 선진국 반열에 진입하고 있지만 아직 200년 된 장수기업이 하나도 없습니다. 100년 된 상장기업으로 두산과 동화약품이 있는 정도지요. 이웃 나라 일본에는 100년 이상 된 기업이 약 1만 5,000개이고 그 가운데 200년 이상 된 기업은 3,000개가 넘습니다. 200년 이상 된 기업은 독일이 800개, 네덜란드가 200개쯤 되고 중국이 9개, 인도 3개죠.

그럼 장수기업들은 가업승계를 어떻게 할까요? 스웨덴 발렌베리Wallenberg 그룹은 1856년 창업해서 5대에 걸쳐 160년째고, 프랑스의 밀레Millet는 110년 되었는데요. 그런 그룹들은 경영후계자를 까다롭게 선정하고, 후계자를 육성하는 데 장기간 공을 들여서 철저하게 경영자 자질을 갖추게끔 해요.

우리나라는 대기업과 중견기업들이 가족 간에 지분 싸움하느라 홍역을 치르잖아요. 중소기업은 회사를 물려받을 후계자를 못 찾거나 상속세를 확보 못하기도 하고…… 예를 들면 우리나라 유명한 손톱깎이 브랜드 쓰리세븐(777) 아시죠? 거기는 창업주가 갑자기 사망하니까 상속세를 못 내서 경영권을 넘겼어요. 손톱깎이 하나로 세계시장을 석권한 글로벌기업인데 상속세 앞에서 속수무책이라니요.

경제 강국 한국도 이제는 기업승계를 비판적으로만 보지 말고 합리적인 대책을 마련해야 할 때가 됐어요. 단순 부동산 재산이 아니라 가업을 승계하면 세제도 지원하고 제도적으로 지원해줘야 합니다. 그래야 한국형 100년, 200년 장수기업이 탄생하지요. 아, 그리고 제 경우는 전문경영인 체제를 선호합니다. 그룹을 능력 있는 전문경영인에게 맡기고 오너는 지분을 가지고 이사회 의장이 되어서 견제할 수 있겠지요.

■ 잘 알겠습니다. 난세에 청년들과 민감한 문제를 주제로 대화하는 건 위험한 일입니다. 그렇지만 하나마나한 위로나 하려면 그 바쁜 와중에 이런 긴 이야기를 왜 하겠습니까? 세계로 날아다니시는 박회장님과 자투리 시간을 쪼개 수시로 만나면서, 더 열심히 공부하고 더 열정적으로 작품을 써야겠다고 내심 다잡게 되었습니다. 불편한 질문과 주제를 너끈히 받아주시고 혼이 담긴 답변을 해주셔서 감사합니다.

■ 제가 많은 자극을 받았습니다. 지치지 않는 태양인의 기질을 지닌 작가이자 인문학자인 김소장님과 오랫동안 교우하고 싶습니다. 우리 한 가지 약속하면 어떨까요?

■ 무슨 약속을요?

■ 100세 시대잖아요. 그런데 우리 둘 다 이제 50대입니다. 김소장

님은 50대 초반, 저는 중반. 이제 꺾어진 나이죠. 하지만 달려가야 할 길은 아직도 절반이나 남았습니다. 중간 레이스에 더 피치를 올려서 달려봅시다. 김소장님은 더 좋은 글을 쓰시면서 문화기획도 잘하셔서 우리 대한민국이 그야말로 문화국가가 되도록 힘써주시고, 저는 우리 그룹을 손꼽히는 글로벌기업으로 키워내고요. 그러면서 세계에 진출해 있는 우리 젊은 기업가들과 글로벌 네트워크를 형성해서 한국 기업가들이 세계경제의 견인차가 되게끔 하고 싶습니다. 그렇게 30년을 보낸 뒤, 그러니까 우리 알루코그룹이 90주년이 되고 우리가 80객이 되었을 때 다시 뭉쳐서 《현장 인문학》제2탄을 출간하기로 하죠.

■ 예? 제가 아무리 역학 공부를 했다지만 3년 뒤의 일도 잘 예측하기 어렵습니다. 하물며 30년 뒤라뇨? 지금 세상이 변하는 속도라면 아마 그때는 천지개벽해서 이미 신인류가 등장했을 수도 있겠군요. 여하튼 건강부터 챙기겠습니다. 오래 살아도 성취가 없으면 도루묵일 테니까 더 노력도 하고요.

■ 고맙군요. 이건 결국 독자와의 공개적인 약속이기도 하네요. 끝으로 질문만 받아온 제가 이번에는 김소장님에게 되묻고 싶은 게 있습니다. 제가 미처 놓친 말을 청장년들에게 더 해주신다면?

■ 회장님이 좋은 말씀 충분히 해주셨습니다만, 발문으로 대신하지요.

영웅이 없는 시대, 땀방울로 세운 오벨리스크

본래 인문학은 노동이나 행동이 아니라 성찰과 게으름 피우기랍니다. 하지만 우리는 현장에서 노동하거나 세상 속에서 행동하고 있을 때, 자신이 견고한 실체임을 느낍니다. 그래서 이 이야기에 '현장 인문학'이라는 제목을 붙인 것입니다. 개인적으로 저는 삶의 목적이 '행동'이 아니라 '관상觀想'이라고 봅니다. 그래야 지구촌의 뭇 생명들과 무리 없이 함께 살기를 할 수 있다고 보기 때문입니다. 그럼에도 '현장 인문학'을 표방한 건, 저도 어쩔 수 없는 인류의 일원인가봅니다. 사실, 하나로 통합된 개념인 인류는 존재하지 않습니다. 끊임없이 욕망하고 충돌하는 개별적 인간군상이 있을 뿐이지요.

재독 철학자 한병철 교수는 우리 시대를 '피로사회'로 정의했습니다. 그런데 우리 청춘들은 어른들처럼 과도한 성과를 낸 것도 아닌데 늘 피로하고 무기력증에 빠져 있는 것 같습니다. 박회장님의 예리한 지적처럼 우리 세대가 윗세대로부터 받고 누리기만 했지 미래 세대를 위한 준비를 미처 하지 못해서일 겁니다. 그래서 정말 미안합니다. 하지만 어쩌겠습니까? 우리 아들 세대가 우리 세대와 쟁투하든지, 아니면 새로운 세계를 건설하든지 해야지요.

"죽어라 뛰어야만 제자리다."

동화《이상한 나라의 엘리스Alice's Adventures in Wonderland》에서 붉은 여왕이 엘리스에게 한 말이죠. 모두가 달리고 있는 세상에서 머뭇거리거나 제자리를 지키는 것은 뒤처지는 일이지요. 달려갈 직장도 할 일도 없는데 나더러 어쩌란 말인가. 그렇게 절규하는 영혼들에게 저는 '불의 전차'와 '영원의 샘'이라는 비밀병기를 쥐여주고 싶습니다. 뜨거운 심장과 사랑입니다. 행복은 그 언저리에 있다고 봅니다.

영화 〈불의 전차〉의 주제곡 가사로 유명한, 산업혁명 시대 윌리엄 블레이크William Blake의 시 〈예루살렘Jerusalem〉의 한 구절은 우리의 열정을 불사르게 만듭니다. 〈불의 전차〉라는 영화의 시작이 참 인상

적입니다. 심장박동을 연상케 하는 신비하고 웅장한 전자음이 흐르는 가운데 새벽안개를 헤치며 한 무리의 청년들이 해변을 달리지요. 벌떡 일어나 그들과 섞여서 함께 달리고픈 충동이 입니다. 그렇습니다. 지금은 우리 청년들이 그렇게 저벅저벅 달려야 할 때입니다.

이글거리는 불의 활을 내게 가져다주오.
내 열망의 화살을 가져다주오.
내 창을 가져다주오. 오 구름이여 펼쳐져라!
내 불의 전차를 가져다주오!

나는 정신적 분투를 멈추지 않으리라.
나의 칼은 내 손에서 잠자지 않으리라.

중장년들도 마찬가지입니다. 느슨해진 들메끈을 조여 매며 달려야 합니다. 힘겹다고 멈추거나 포기하면 영영 뒤처져버리니까요. 뒤처져도 상관없다고는 말하지 맙시다. 자손과 함께 풍요를 누리며 살고 싶다면요. 강석규 호서대 명예총장의 경험을 기억했으면 해요. 강총장님은 젊은 날 열심히 살았죠. 65세 때 당당한 은퇴를 했답니다. 그런데 30년 후인 95세 생일 때, 후회의 눈물을 흘렸다죠. 은퇴

후 무려 30년간을 그저 고통 없이 죽기만 기다렸음을 뒤늦게 깨달은 거죠. 강총장님은 95세에 어학 공부를 시작합니다. 2015년 103세로 세상을 떠나실 때까지 공부하며 사셨습니다. 100세 인생은 마라톤입니다. 초반, 중반 레이스만큼이나 종반 레이스도 중요합니다.

세르반테스의 소설 《돈키호테》에 "혈통이 혈통을 만드는 게 아니라 노력이 혈통을 만든다"는 대목이 있습니다. 돈키호테가 종자인 산초 판사에게 해준 말이죠. 여기서 노력은 땀이며 노동입니다. 일하다보면 돈과 기술이 축적되고 창의적인 설계와 사업으로 이어질수가 있습니다. 실패하기 쉽지만 성공한다면 막대한 부를 얻을 수도 있고요. 인류사는 혈통이 혈통을 만들던 때가 대부분이었습니다. 조상이 양반이면 자손도 자동적으로 양반이 되었죠. 그런데 땀의 혈통시대가 열렸습니다. 바로 근대의 시작입니다. 근대는 열심히 일하고 부를 축적한 이들의 시대였습니다. 그 근대정신이 오늘날과 같은 물질적 풍요를 낳았고 귀족이 아닌 시민세력을 키워냈지요.

지난 몇 년간 시골 흙수저 출신 창업가의 삶을 톺아보면서 저는 건강한 한 시민의 초상을 보았습니다. 그리고 문득문득 사막 위에 우뚝 세운 오벨리스크를 떠올렸습니다. 그렇습니다. 박도봉 회장의 불의 전차 같은 삶은 영웅이 없는 시대에 땀방울로 세운 오벨리스크입니다. 검박하고 정직한 기업가와 틈틈이 밤샘 대화를 이어가면서 희망을 본 것은 귀한 소득입니다.

이 책이 나오기까지 힘써 도와주신 알루코그룹의 박석봉·김택동 부회장님과 박상우 부사장님, 박진우 전무님을 비롯한 여러 임원진, 오정자 여사께 감사드립니다. 정리하는 데 애써준 윤여운 작가, 김영사 편집부 고우리 팀장에게도 고마움을 전합니다.

박회장과의 여러 토크콘서트에서 다시 만나 뵙기를 바랍니다. 감사합니다.

2016년 6월

진안 마이산과 운장산을 오가며

문화국가연구소장 김종록